GG
PVY
GUÍAS
PARA VER Y
ANALIZAR

La vida de Brian

(Monty Python's Life of Brian) Terry Jones (1979)

* * * * *

José Pavía Cogollos

Nau llibres

Para Emma,
una mañana de diciembre,
porque nos reímos mucho juntos.

Agradecimientos

A Alejandro Montiel, maestro y amigo, que me propuso escribir este libro y me acompañó en el proceso. A Richard Lester, que tras una conversación sobre la vida y el cine que se prolonga ya más de dos décadas, sigue atendiendo mis llamadas con generosidad y sentido del humor. Al maestro Francisco de Zulueta que, entre otras cosas, continúa enseñándome a escuchar las películas. A Concha Roncal por su paciente e impagable trabajo en la edición de este texto. A Juan Mollar Maseres, al que debo más de lo que podría consignar en estas páginas. A alguien que desde una madrugada de julio anida en mi interior. A los que ya no están, pero siguen caminando a mi lado. A Ricardo Oliver Lauder, por las risas compartidas. A los que están siempre de manera incondicional, a mi familia, mi madre, Julián, Carmina y los suyos. A Silvia y Emma, que construyen el lugar al que siempre quiero volver, esa atalaya desde la que mirar invita a silbar Always Look at the Bright Side of Life! ...

© José Pavía Cogollos
© De esta edición:
Nau Llibres. Periodista Badía 10. 46010 - València. Tel.: 96 360 33 36
E-mail: *nau@naullibres.com* web: *www.naullibres.com*

Diseño de cubierta y maquetación:
Pablo Navarro, Nerina Navarrete y Artes Digitales Nau Llibres

ISBN_papel: 978-84-19755-57-5   ISBN_ePub: 978-84-19755-58-2
Depósito Legal: V-1099-2025   ISBN_mobi: 978-84-19755-59-9
                                       ISBN_PDF: 978-84-19755-60-5

Impresión: Podiprint

ÍNDICE

I. Ficha Técnica y artística

Título original	Monty Python's Life of Brian
Año de producción	1979
Nacionalidad	Reino Unido
Dirección	Terry Jones
Productora	HandMade Films/Python (Monty) Pictures
Producción	John Goldstone
Productor asociado	Tim Hampton
Productor ejecutivo	George Harrison
Productor ejecutivo	Denis O'Brien
Productor ejecutivo	Tarak Ben Ammar (Túnez)
Guion	Graham Chapman, John Cleese, Terry Gilliam, Eric Idle, Terry Jones, Michael Palin.
Dirección de fotografía	Peter Biziou
Diseño de producción	Terry Gilliam
Animaciones	Terry Gilliam
Director de Arte	Roger Christian
Diseño de vestuario	Hazel Pethig y Charles Knode
Música	Geoffrey Burgon
Diseño y animaciones	Terry Gilliam
Montaje	Julian Doyle
Rodaje de exteriores	Monastir (Túnez), Londres (metraje adicional)
Duración	94 minutos
Estreno	Premier mundial 17 de agosto de 1979 Cinema One, Nueva York, estreno en Reino Unido 9 noviembre 1979, estreno en España 29 octubre de 1980.
Distribución	Warner
Rodaje	de 16 septiembre a 12 noviembre de 1978
Intérpretes	
Graham Chapman	Brian Cohen, segundo rey mago, Pijus
Terry Jones	Mandy Cohen, Simón el eremita, Bob Hoskins, Buen samaritano
John Cleese	Reg, Centurión, Oficiante en la lapidación, Deadly Dirk, Arthur

Eric Idle	Stan/Loretta, Mr. Cheeky, Harry the Haggler, Otto, Mujer que lanza la primera piedra en la lapidación, asistente del carcelero
Michael Palin	Tercer rey mago, Ex-leproso, Mr. Big Nose, Francis, Poncio Pilato, Ben, Profeta
Terry Gilliam	Otra persona situada bastante más lejos, revolucionario, comando enmascarado, profeta, carcelero
John Young	Matías
Sue Jones-Davies	Judith Iscariote
Kenneth Colley	Jesús
Carold Cleveland	Mrs. Gregory, Elsie
Terrence Bayler	Mr. Gregory, centurión
Spike Milligan	Spike
George Harrison	Mr. Papadopolous
Charles McKeown	Falso profeta, Ciego, Guardia, Stig
Gween Taylor	Mujer cargada con su burro, Mrs. Big Nose
John Case	Burt, Mujer de Pilato

2. INTRODUCCIÓN

2.1. El cine de los Monty Python en su contexto

2.1.1. Al principio fue la BBC

La British Broadcasting Corporation emprendió oficialmente su andadura en 1922. Tras conquistar las ondas radiofónicas, lanzó las primeras emisiones regulares de televisión a nivel mundial en noviembre de 1936. La nueva cadena generó un espacio en antena para un significativo número de cómicos, tanto en su división televisiva como en la radiofónica. En esta última destacó el programa *The Goon Show* (1951-1960), protagonizado por Spike Milligan, Peter Sellers y Seth Buscombe, que materializaba una sorprendente traslación del universo visual del slapstick al espectro radiofónico cuya ascendencia se dejaría sentir durante décadas. La generación a la que pertenecen los Python creció escuchando estas revolucionarias emisiones, sembradas de juegos de palabras y humor inconformista y anárquico, que ejercieron una crucial influencia reiteradamente reconocida por estos.

El éxito del programa propició su adaptación al formato televisivo en 1956 bajo el título *A Show Called Fred*, igualmente bendecido con el favor del público, que gozó de una secuela, *Son of Fred*, ambos escritos por Spike Milligan y dirigidos por Richard Lester. El nombre del programa fue modificado por problemas de derechos al ser estrenado en la Independent Television (ITV), una nueva cadena independiente cuyas emisiones habían comenzado un año antes, bajo la manifiesta vocación de competir con la arraigada BBC. A diferencia de lo que sucedía en la tradicional cadena, comandada por instituciones como la corona, el ejército o la iglesia, los directivos de la ITV provenían del mundo del espectáculo, por lo que aportaban una nueva concepción del medio en la que el entretenimiento cómico desempeña un papel esencial.

A finales de la década de los cincuenta, Spike Milligan y Peter Sellers se citaron, para probar una cámara de 16 milímetros adquirida por este último, con un jovencísimo Richard Lester, que había captado la atención de Sellers con la dirección de su propio programa, *The Dick Lester Show*. Juntos rodaron *Corriendo, saltando y todavía de pie* (*The Running Jumping and Standing Still Film*, Richard Lester y Peter Sellers, 1960), nominada a los Oscars en la edición de ese año. Su concepción del humor, a medio camino entre el absurdo y una pulsión corrosiva tendente a socavar cualquier atisbo de lógica, comenzando por la propia materialidad del relato, poseía un carácter germinal del que desarrollarían los Python. El cortometraje, rodado durante un par de domingos de 1959 con exiguo presupuesto, poco más de sesenta libras, montado de manera puramente artesanal en casa del propio Sellers, funciona como una suerte de piedra Rosetta en la que rastrear los antecedentes de la escritura fílmica de gran parte del humor del sexteto. Su legado influyó no solo en el trabajo de Spike Milligan, sino también en la comedia británica en general y en el *Monty Python's Flying Circus* (1969-1974) en particular, influjo que se evidencia en el uso del humor surreal y en el modo en el que los elementos de una rutina se entrelazan con escenas posteriores trascendiendo el sketch aislado, una estrategia posteriormente utilizada con frecuencia por los

Python, al punto de convertirse en una de sus señas de identidad ya desde sus primeros pasos en la BBC.

La comedia televisiva alcanzó una nueva cima con la emisión en la BBC de *That Was the Week That Was* (1962-1963), seminal visión satírica de la realidad cotidiana del país junto a *Beyond the Fringe* (1964), que reunía a los escritores y actores más brillantes de la escena de Oxford y Cambridge. David Frost, uno de los nuevos valores en alza, iba a llevar las riendas de *The Frost Report* (1966-1967), en el que colaboraron los cinco integrantes británicos del grupo. Sus eminentes talentos no pasaron inadvertidos, por lo que pronto se les asignó destacados papeles en la nueva serie de sketches cómicos *At Last the 1948 Show* (1967-1968), que protagonizaron los ex miembros del Cambridge Footlights[1] John Cleese y Graham Chapman, mientras que en *Do Not Adjust Your Set* (1967-1969) hacían lo propio dos excompañeros de escritura en sus años en Oxford, Michael Palin y Terry Jones, junto a otro ex miembro de *The Footlights*, Eric Idle, que esporádicamente colaboraría con estos, trabajando por lo general, al igual que Terry Gilliam, de manera más aislada.

El último año de la década, Graham Chapman y John Cleese escribieron y protagonizaron para la BBC *How to Irritate People* (1969), mientras que Spike Milligan hizo lo propio con *Q...* (1969- 1980), un serial cómico que permaneció en antena más de una década. Por su parte, Benny Hill escribió y protagonizó para Thames Television, perteneciente a la ITV, su propio show, que también se adaptó a la pantalla grande. *The Benny Hill Show* (1969-1989), con un contenido sexual más explícito, gozó del favor de público y crítica particularmente en la primera mitad de los setenta y se convirtió en una verdadera institución (Hunt 1998: 28). Ese mismo año, Michael Palin y Terry Jones escribieron y protagonizaron *The Complete and Utter History of Britain* (1969) para la mencionada ITV.

Ese cierto clima de libertad y experimentación que estaba muy presente en la cadena estatal británica, ahora azuzada por la amenazada de la competencia, resultó decisivo para que Barry Took, por entonces

---

1 Fundado en 1883 y popularmente conocido como *The Footlights*, el *Cambridge University Footlights Dramatic Club* es un prestigioso grupo de teatro amateur, gestionado por estudiantes, vivero inagotable del que provienen algunos de los grandes de la comedia británica.

un consultor sobre temas de comedia para la BBC, albergara la idea de agrupar a los seis jóvenes talentos para que trabajaran conjuntamente en "algo nuevo". Así, les ofreció su propia serie bajo la ya famosa advertencia: "Podéis disponer de trece shows, eso es todo", a la que se unió una segunda indicación: "Haced lo que os venga en gana. Dentro de lo razonable, siempre y cuando sea legal". Tras esta recomendación, el 5 de octubre de 1969, diez años antes del estreno de *La vida de Brian*, los cimientos de la tradicional cadena se tambalearon con la explosión de una forma radicalmente nueva de hacer comedia: *The Monty Python's Flying Circus*. El primer episodio de este mítico programa se emitió en una tarde de domingo, para sorpresa de los televidentes, precisamente en un hueco de la parrilla televisiva que, hasta entonces, había estado reservado a un espacio religioso. La serie estuvo en antena durante cinco años ininterrumpidos (el último episodio se emitió el 5 de diciembre de 1974) y se convirtió con gran rapidez en un éxito clamoroso capaz de detener la vida en los *colleges* británicos, cautivando a toda una generación de jóvenes estudiantes entusiastas seguidores del programa (Pavía, 2018).

Su influjo transcendió las pantallas, colonizó parte del lenguaje de una generación, incluso dibujó una sorprendente huella en una escritura más críptica, la informática, al bautizar un lenguaje de programación como Python o algo que, a la vuelta de los años, se volvería una inevitable presencia en el devenir cotidiano, el Spam, término que tiene su anclaje en un famoso sketch de la serie. De igual modo, el diccionario de Oxford incluyó la voz Pythonesque como referencia a un humor absurdo, surreal, imprevisible, alocado. La notoriedad cosechada en el Reino Unido no tardó en traspasar fronteras, y *El circo ambulante de los Monty Python* fue traducido a la nada desdeñable cifra de cincuenta idiomas. A tenor del crédito internacional alcanzando por el grupo, particularmente en Estados Unidos, donde, como destaca Johnson (1999) en la introducción de su estudio sobre el grupo, la serie se convertiría en la primera británica en emitirse íntegramente con éxito en este país, las perspectivas de negocio dibujaban un horizonte de expectativas que hacía inevitable un aterrizaje en las salas de cine. Su apresurada primera película, *Se armó la gorda* (*And Now For Something Completely Different*, Ian MacNaughton, 1971), mera recopilación de sus más célebres sketches del *Flying Circus*, se planteó como una primera incursión en el mercado americano susceptible de ser rentabilizada con gran celeridad. Paradójicamente, no funcionó según lo esperado en América; sin embargo, en el Reino Unido, donde el material era ampliamente conocido, se convirtió en un éxito (Yoakum 2014: 106).

2.1.2. El cine de los setenta

El engarce de los setenta con la década anterior resulta particularmente complejo. Mientras la cultura hippie languidecía hasta su desaparición, la prevalencia de los valores progresistas de los sesenta siguió conduciendo a un progresivo incremento de la toma de conciencia individual. La consiguiente expansión del régimen de libertades se materializó en una mayor presencia de contenido para adultos en las salas de cine, que buscaba atenuar la competencia de un consumo doméstico de programación televisiva apto para toda la familia. El masivo incremento de la exhibición de violencia y sexo que inundó las pantallas en los setenta generó exitosas sagas protagonizadas por vaqueros urbanos, como *Harry el sucio* (*Dirty Harry*, Don Siegel, 1971) o la polémica *Garganta Profunda* (*Deep Throat*, Gerard Damiano, 1972) que, con seriales como *Emmanuelle*, abrieron nuevas vías al lucrativo negocio del cine porno. A su vez, desde una suerte de pulsión revisionista, se volvía la mirada hacia la reciente historia del medio cinematográfico y sus géneros firmemente anclados, por el peso de una tradición fosilizada ya, como materia de estudio en las aulas universitarias.

En una década de zozobra en la que se despertaba una acuciante necesidad de respuestas, las religiones florecieron. Mientras las más consolidadas acentuaban su presencia, cobraron vigor algunas religiones periféricas. La religión ocupaba una sorprendente centralidad en ámbitos como el de la investigación, y colectivos como el de jóvenes, que tradicionalmente le habían sido esquivos, permeando las pantallas. La presencia de la temática religiosa en los medios audiovisuales era patente, dejando su huella tanto en la pequeña como en la gran pantalla, con títulos tan emblemáticos como *Jesucristo Superstar* (*Jesus Christ Superstar*, Norman Jewison, 1973) o la controvertida *The Passover Plot* (Michael Campus, 1976), que no se pudo ver en España. El británico Guy Green dirigió *El abogado del diablo* (*Des Teufels Advokat*, 1977), adaptación de una de las novelas de la profética tetralogía vaticana de Morris West, tras el anterior éxito, dirigido por el londinense Michael Anderson, *Las sandalias del pescador* (*The Shoes of the Fisherman*, 1968), en la que se predecía la llegada de un papa desde el otro lado del telón de acero. Con un fastuoso reparto internacional, se estrenó la miniserie para televisión *Jesús de Nazaret* (*Jesus of Nazareth*, Franco Zeffirrelli, 1977), claro referente de la película que nos ocupa. El cine de terror, por su parte, convirtió el contexto religioso en un campo de batalla con las fuerzas del más allá, como las libradas en la británica *Los demonios* (*The Devils*, Ken Rusell, 1971), calificada X tanto en Inglaterra como en Estados Unidos, donde destacarían *El exorcista* (*The Exorcist*, William Friedkin, 1973) y *La profecía* (*The Omen*, Richard Donner, 1976). De igual modo, la épica moderna de la ciencia ficción setentera fue proclive a presentar relatos mesiánicos: *La Guerra de las Galaxias* (*Star Wars*, George Lucas, 1977), *Encuentros en la tercera fase* (*Close Encounters of the Third Kind*, Steven Spielberg, 1977) o *Superman* (Richard Donner, 1978) que, como señalan Balló y Pérez (2018: 66), destaca por la sorprendente literalidad con la que se ciñó a este patrón.

El convulso clima de los setenta en el que se gestó y estrenó *La vida de Brian* pareció recrudecerse en una Gran Bretaña en la que afloraba el malestar de una sociedad herida, lastrada por un desempleo endémico, una inflación galopante, el aumento de la inseguridad y la sangrante perdida de su tradicional influencia en el exterior que cristalizó en el conocido como *invierno del descontento*, un sombrío panorama que propició la llegada al poder de Margaret Thatcher. En Estados Unidos, dos años después lo alcanzó Reagan, con el que la conocida como la Dama de Hierro forjó una estrecha relación. Sin embargo, esta lóbrega situación interna de palpable inestabilidad que amenazaba los tambaleantes vestigios del sueño imperial abrió paso a ideas nuevas, habilitó un terreno abonado a la experimentación, particularmente en el ámbito del audiovisual. No en vano, pese a la preocupante situación del país, la televisión británica vivía una edad de oro (Newland, 2013: 15). La BBC, lastrada por un modelo de producción anquilosado, como las vetustas y aparatosas cámaras que utilizaba en sus platos para filmar un tipo de ficción teatralizada incapaz de empatizar con la clase obrera, se agitaba inmersa en su proceso de expansión hacia la BBC2. Ese período de transición, marcado por la exploración de formatos innovadores, permitió la entrada de jóvenes talentos que, en otras circunstancias, nunca hubieran encontrado acomodo en la tradicional cadena. Un nuevo grupo de profesionales, entre los que Ken Loach se erigiría en la figura más representativa, se encargaron de retratar ese mundo real al que ellos mismos pertenecían. Así, *Cathy Come Home* (Ken Loach, 1966), blanco de las iras de la autoproclamada guardiana de la moral Mary Withehouse, futuro azote de los Python e instigadora de una furibunda campaña contra *La vida de Brian*, dibujó con trazo firme un inexplorado horizonte en la ficción británica. La estela del camino trazado por Loach fue seguida por otros cineastas, como Alan Parker, Stephen Frears o Mike Leigh que dirigirían sus primeros largometrajes para la gran pantalla en los setenta, simultaneado en ocasiones su trabajo con la producción de ficción televisiva para la BBC, la BBC2 y la ITV, como haría a su vez John Schlesinger, que debutó en los sesenta. Al igual que estos, Ridley Scott, tras una dilatada experiencia en la televisión británica, debutó con *Los duelistas* (*The Duelists*, 1977). Su siguiente película, *Alien, el octavo pasajero* (*Alien*, 1979), marcaría un hito, con una agresiva campaña de publicidad dotada de un presupuesto que excedía de manera significativa al del propio film.

Era un trayecto que ya había recorrido, mediados los años cincuenta, Richard Lester, cuya sólida formación en televisión le llevó a ser uno de los más destacados cineastas de los sesenta y a continuar con éxito su carrera en los setenta, década en la que, al igual que en la anterior, dirigió un total de ocho largometrajes. De entre ellos, destaca *Robin y Marian* (*Robin and Marian*, 1976), una mirada nostálgica sobre el regreso del héroe, herido por el tiempo, a un hogar que ya no reconoce. Al igual que este, otro director americano afincado en el Reino Unido, es capaz de retratar esta herida con extrema lucidez, exteriorizando ya la desazón que anidaba en la sociedad británica en una película clave, *La Naranja Mecánica* (*A Clockwork Orange*, Stanley Kubrick, 1971), una suerte de bisagra entre los convulsos sesenta y los renovadores setenta (Müller 2006: 4), abiertos ya a una mayor libertad, dispuestos a marcar una nueva forma de hacer cine que generó un punto de no retorno en la aún joven historia del medio. La película de Kubrick eligió el futurista Thamesmead Development, barrio residencial londinense financiado con dinero público, como icónica ubicación en la que filmar una potente muestra del malestar que agitaba el país, germen del referido invierno del descontento que vio el estreno del film que nos ocupa.

Un año después, mientras llegaba a su fin la colaboración entre dos figuras capitales del cine inglés, Michael Powell y Emeric Pressburger, un cineasta londinense regresó a casa tras su exitoso periodo americano. Alfred Hitchcock, el hijo pródigo, dirigió a su vuelta *Frenesí* (*Frenzy*, 1972), un fresco despiadadamente crítico de la sociedad británica.

Esta desazón que atenazaba el país se trasluce, como veremos, en la película que nos ocupa, y tiene también su eco, por un lado, en la proliferación de fantasías distópicas, entre las que destacan *Zardoz* (John Borman, 1974) y *La fuga de Logan* (*Logan´s Run*, Michael Anderson 1976), y, por otro, en la preminencia del cine político enredado en las conspiraciones características de los años setenta para conjurar la amenaza del totalitarismo, como la que retrata *Odessa* (Ronald Neame, 1974) o la coproducción británico-americana *Los chicos del Brasil* (*The Boys from Brazil*, Franklyn J. Schaffner, 1978). Los films británicos del período reflejaban las vicisitudes del país, sus tensiones sociales, al tiempo que evidenciaban los efectos del cambio en su modo de consumo. La televisión en color llegó a un creciente número de hogares un año antes del estreno de *La vida de Brian* y, aunque todavía al alcance de unos pocos, se comercializó el primer reproductor de video. Un público, cada vez más fragmentado, demandaba otro tipo de cine, en sintonía con la mayor permisividad de la cultura británica de la década, y marcaba un proceso de renovación conducente a un incremento de la diversificación e hibridación genérica.

Los apremiantes problemas económicos por los que atravesaba el cine americano en los años sesenta, con un notable descenso en su producción, paralelo a un espectacular incremento en las importaciones de cine europeo[2], hicieron que este se asentase cada vez más en el viejo continente. El paulatino movimiento de externalización de su producción benefició particularmente al Reino Unido. La venturosa llegada de capital y talento americano revigorizó un cine que se movía bajo la briosa cadencia de la nueva ola británica, la inercia generada por los llamados jóvenes airados, el *Free Cinema*, sumado al *Swinging London*, movimiento juvenil que maridaba, con sorprendentes e innovadores resultados, música, moda y cine en películas como las de los Beatles, dirigidas por Richard Lester, simiente de la cultura del videoclip.

---

2 El año 1963 quedará marcado como el peor año en la producción americana de los últimos cincuenta, con tan solo 121 largometrajes producidos. Por su parte, 1964 marcó un máximo en la presencia de películas foráneas 361, frente a las141 rodadas en Estados Unidos.

La retirada de los americanos a principios de los setenta, tal y como señala Paul Newland (2013: 2), supuso un doloroso lastre para el cine británico de la década, que se había beneficiado del establecimiento de programas de producción por parte de los grandes estudios, desde la Metro-Goldwyn-Mayer a Warner Bros. o Disney, pasando por United Artist, Paramount, Columbia, Universal y Twentieth Century Fox, estimulados por el atractivo en taquilla de las estrellas británicas y la disponibilidad de estudios, sumado a salarios bajos que minimizan los costes de producción. Algunas de las más destacadas coproducciones con los estudios americanos del inicio de la década fueron fiel reflejo de la convivencia entre un cine de marcado corte clásico –*La hija de Ryan* (*Ryan's Daughter*, David Lean, 1970) o *La huella* (*Sleuth*, Joseph L. Mankiewicz, 1972)– con controvertidos films, de directores formados en la televisión, señalados por su carga sexual y la gratuidad de la violencia, como *Perros de paja* (*Straw Dogs*, Sam Peckinpah 1971).

Tras este fructífero período, el sustancial repliegue del capital americano fue un golpe que puso en grandes dificultades a una industria que atravesó en los setenta un periodo de inestabilidad y penuria. Pese al drástico descenso del número de producciones anuales, un cine herido sobrevivía gracias al empuje de los movimientos que agitaron los setenta, junto a seriales que siguieron gozando de tirón popular, como el del agente secreto con licencia para matar James Bond; la saga de la pantera rosa, protagonizada por Peter Sellers, o los *Carry On Films*, en los que nos detendremos en el siguiente epígrafe. Por otro lado, aunque parecía sumirse en horas bajas, la mítica Hammer Films, estudio que renovó el género de terror en los años sesenta, siguió produciendo títulos tan notables como *El doctor Jekyll y su hermana Hyde* (*Dr. Jekyll & Sister Hyde*, Roy Ward Baker, 1971) al tiempo que incrementó la carga sexual del personaje de Drácula para continuar explotando su filón.

Después de capear su crisis, el nuevo cine americano, surgido de las cenizas del sistema de estudios, ensombrecido por el fuego del napalm que asoló Vietnam y la podredumbre del Watergate, se abrió camino con un vigor inusitado. Durante los tres o cuatro primeros años de los setenta, justo en este preciso instante en el que la agitación contracultural invitaba a la experimentación estimulando una nueva forma de rodar frente a la que el clasicismo aún vigente parecía no servir de dique de contención, se abrió un hueco que permitió el acceso de talento emergente a la industria. Este grupo de directores que revitalizó Hollywood bebía de las fuentes del cine clásico y profesaba gran admiración por los grandes maestros capaces de hacer visible su estilo personal dentro del aparato industrial. Su legado, tamizado por la influencia del pujante cine europeo que consumían ávidamente, arraigó revigorizado por la desahogada insolencia con la que parecían arrogarse la singular capacidad de entender a un público que, como ellos, era mayoritariamente joven y parecía no empatizar con las "viejas" formas de hacer cine.

De manera reveladora, el cine de esta década desprende todavía hoy una fuerza asombrosa, particularmente en Estados Unidos, que asistió a un peculiar relevo generacional de la mano de unos barbudos universitarios, con apellidos hoy ilustres, que crecieron entre las películas de los grandes maestros y las imágenes catódicas. De entre ellos, podemos destacar a Bogdanovich, Coppola, Friedkin, Spielberg, Scorsese o Lucas, directores respectivamente de películas como: *La última película* (*The Last Picture Show*, 1971), *El Padrino I y II* (*The Godfather I & II* 1972-74), *El Exorcista, Tiburón* (*Jaws*, 1975), *Taxi Driver* (1975) y *La guerra de las Galaxias*, punto de inflexión que marcaría un nuevo rumbo en el cine. Frente a estos, destacaban cineastas como John Cassavetes, situado fuera del sistema, que realizaba películas que, con frecuencia, financiaba con su trabajo de actor, u otros, como Robert Altman, que mantenía un juego de alambicado equilibrio dentro del mismo, acercándose a algunos géneros clásicos con un marcado tono revisionista. Fue una "nueva época dorada" del cine, con ciertas similitudes a la vivida cuarenta años atrás (Sklar 1994: 323), aunque escasamente uniforme, cincelada por la impronta de los densos acontecimientos políticos que la envolvieron.

La década de los setenta estuvo igualmente marcada por la irrupción en el panorama cinematográfico de la primera generación de directores, entre la que ya hemos destacado algunos nombres, formados como tales en prestigiosas universidades, a los que se unieron otros que previamente desempeñaron diversos oficios en la industria. Así, realizaron sus óperas primas notables cineastas como Clint Eastwood, Wes Craven, Terrence Malick o Michael Cimino, por mencionar tan solo a algunos que debutaron a principios de los setenta. La nueva hornada de jóvenes directores, conocidos como los "movie brats", tuvieron la oportunidad única de convivir con algunos de los viejos maestros todavía en activo, entre los que descollaban cineastas de la talla de Howard Hawks, Vincente Minnelli, Orson Welles, John Huston, Alfred Hitchcock, Joseph L. Mankiewicz, Jean Renoir, David Lean o Luis Buñuel. Junto a los recién llegados, ganaron protagonismo algunos directores, cuyo influjo es esencial para entender el cine de los setenta, que se formaron en el mundo de la televisión, como John Frankenheimer, Arthur Penn, Sidney Lumet o Robert Mulligan.

No solo en América se movieron los cimientos del cine, también lo hicieron en Alemania, de la mano de Wim Wenders, Herzog, Fassbinder y Schlöndorff, o en Francia, de la del cine de autor con, entre otros, Goddard y Truffaut. Mientras, en una década de actividad frenética, el director sueco Ingmar Bergman alternaba trabajos para cine y televisión, al igual que lo hacía el húngaro Károly Makk. En Holanda, debutó un joven Paul Verhoven, al tiempo que en Cuba sobresalía el trabajo de Humberto Solás y Tomas Gutiérrez Alea. Jiri Menzel lideró la nueva ola del cine checoslovaco junto a Milos Forman.

En Italia, se despidieron del cine dos de sus grandes referentes, Federico Fellini y Roberto Rossellini, el segundo, tras una larga temporada trabajando casi en exclusividad para la televisión, con *El mesías* (*Il messia*, 1976), una visión personal y humana, alejada de la imaginería tradicional y solemnidad del género, de la vida de Cristo. Un tercero, Pasolini, sería asesinado tras el estreno de su polémica traslación de Sade al ámbito fascista en *Saló o los 120 días de Sodoma* (*Salò o le 120 giornate di Sodoma*, 1975). Análogamente, dejando ver las huellas de la revolución sexual, tres títulos generaron gran controversia: *El último tango en París* (*Ultimo tango a Parigi*, Bertolucci, 1972), *Portero de noche* (*Il portiere di notte*, Liliana Cavani, 1974) y *Calígula* (*Caligola*, Tinto Brass, 1979). A su vez, destacaban dos subgéneros genuinamente italianos, el Spaghetti Western y el *Giallo*.

En España, con el cambio de régimen, destaca la tonalidad memorística con la que se tiñó buena parte del cine patrio, tal vez anclada en la tentativa de Carlos Saura de recuperar la memoria traumática de la guerra y el franquismo con *El jardín de las delicias* (1970), *Ana y los lobos* (1972), *La prima Angélica* (1974) o *Cría cuervos* (1975), que tuvo que recurrir a la alegoría como vía de expresión por razones de estilo y censura (Sánchez-Biosca: 2003). Otros films, como *Canciones para después de una batalla* (Basilio Martín Patino, 1971), *La vieja memoria* (Jaime Camino, 1977) o *El espíritu de la colmena* (Víctor Erice, 1973), tampoco parecen ajenos a esta lectura memorística e imaginaria de la posguerra. Lo realmente llamativo de esta tonalidad memorística es que su retórica se había ido fragmentando lentamente y logró invadir géneros y actitudes muy distintas, desde el documental, con el fascinante retrato de la familia Panero que trazaba *El desencanto* (Jaime Chavarri, 1976), uno de los puntos álgidos de esta nueva memoria, hasta el popular e invasivo cine de destape en el que también dejó su impronta.

2.1.3. La comedia de los setenta

La comedia, el género más popular en el cine británico, adquirió aún mayor preponderancia en los períodos de recesión económica, singularmente en los años veinte y en la década de los setenta, cuando logró mantener a la industria británica atrayendo al público a las salas de cine, mientras otros géneros se mostraban incapaces de hacerlo (Hunter y Porter 2012: 1).

La centralidad del género cómico vino refrendada por la eminente preponderancia de verdaderas instituciones cómicas sólidamente ancladas, no solo en el tejido audiovisual sino también en el imaginario social, como los *Carry on Films*, una franquicia del cine británico (Chapman, 2012: 100) que extendió su presencia durante tres décadas en las que produjo más de una treintena de films y otros tantos programas especiales para televisión. A finales de los setenta, en un contexto previo a la irrupción del vídeo, en el que el consumo doméstico se redujo a lo ofrecido por tres únicos canales, este serial cómico que pasó a mejor vida, pervive, paradójicamente, embalsamado como una institución cultural mediante perennes redifusiones en televisión (Archer, 2017: 36). Su influencia se deja ver ya en el trabajo que los Python realizaron para la BBC. Como Marcia Landy (2005: 33-34) destaca, el *Flying Circus* participaba de bastantes rasgos transgresores característicos de los *Carry on Films* que se vieron hipertrofiados en el trabajo del sexteto.

El ciclo de los *Carry on* arrancó precisamente en 1958, año que vio el estreno de la última comedia producida por los estudios londinenses Ealing, propiedad de *The Rank Organization*, un conglomerado de estudios y cadenas de exhibición que dominó la producción británica durante más de tres décadas hasta que, al no diversificar su inversión en televisión, su influencia se diluyó. No solo tenía en nómina a todos los grandes directores del país, desde Hitchcock al tándem Powell y Pressburger, pasando por David Lean y Carol Reed, sino que también apostó por la comedia al aupar a Norman Wisdom, muy activo en la televisión de los setenta, al estrellato. Tim O´Sullivan (2012: 66) subraya que las comedias de la Ealing constituyen una parte esencial de la herencia cultural cinematográfica británica. Incluso con anterioridad a que lo hiciese el drama británico, una década antes del estallido del *Kitchen Sink Drama*, la Ealing comenzó a romper las barreras, balizando el terreno que seguirían los Python, al adentrarse en el tratamiento cómico del crimen y la muerte en films tan reseñables como *Whisky a gogó* (*Whisky Galore!*, 1949) o *El quinteto de la muerte* (*The Lady Killers*, 1955), dirigidos por Alexander Mackendrick.

Otra de las líneas tradicionales de la comedia británica por la que, a juicio de Alan Burton (2012: 78), transitaron las comedias de los hermanos Boulting es la que entremezcla sátira, crítica social y farsa. De entre ellas, destaca *Estoy bien, Jack* (*I'm All Right Jack*, John Boulting, 1959), una incisiva crítica mordaz de la hipocresía social que, como defiende Larsen (2018) en su estudio del film que nos ocupa, está estrechamente relacionada con este. A ellas se suma la esencial influencia de las transgresoras comedias filmadas por Richard Lester en los sesenta, detonante medular para el boom de la sátira que tiñó el género cómico de una negrura sin precedentes, convirtiendo asuntos terriblemente serios en sarcásticas farsas, como *¿Teléfono rojo? Volamos hacia Moscú* (*Dr. Strangelove or: How I Learned to Stop Worrying and Love the Bomb*, Stanley Kubrick, 1964) o *La clase dirigente* (*The Ruling Class*, Peter Medak, 1972).

En los setenta, los días de Ealing resonaban lejanos, las excéntricas bufonadas de los *Carry on* parecían pasadas de moda, al menos fuera del Reino Unido, cuya industria se mantenía mediante reseñables colaboraciones con el cine americano. Entre sus frutos destacan dos films de Stanley Donen estrenados en 1967: la siempre sorprendente *Dos en la carretera* (*Two for the Road*) y *Mi amigo el diablo* (*Bedazzled*), con Peter Cook y Dudley Moore, dos cómicos procedentes de Cambridge y Oxford, acompañados por la exuberante Rachel Welch. Mientras las comedias de los Beatles ya eran historia, Lester jugó con el clásico de Alejandro Dumas, rodando simultáneamente sus dos versiones de los mosqueteros, la primera con la participación de Spike Mulligan, ambas con Rachel Welch como uno de sus atractivos.

Pese a todo, la comedia tampoco pareció escapar a la situación de crisis que atenazaba al cine británico. Frente a ella, como señala Peter Waymark (2012: 141), la adaptación de comedias televisivas se convirtió en el antídoto idóneo. Las llamadas *spin-offs*, películas basadas en material narrativo testeado de antemano con éxito, resultaron una alternativa atractiva, barata y efectiva. Además, no necesitaban de grandes desarrollos o campañas de marketing, extremo que agilizaba sensiblemente el proceso de producción. La receta anticrisis de los *spin-offs* fue rentabilizada de manera singular por la Hammer Films, que pese a ser más comúnmente asociada al cine de terror, ante las muestras de agotamiento que parecía transmitir el género, alcanzó sus mayores cotas de éxito en el terreno de la comedia. La Hammer, la compañía más activa a la hora de realizar *spin-offs*, arrancó con un éxito inicial sin parangón, *On the Busses* (Harry Both, 1971), que disparó dos secuelas, *Mutiny on the Buses* (1972), con el mismo director, y *Holiday on the Buses* (Bryan Izzard, 1973). Un antecedente remarcable de esta serie fue *Dad's Army* (Norman Cohen, 1971), adaptación de un clásico cómico televisivo, al que seguirían otros como *Padre no hay más que uno* (*Steptoe & Son*, Cliff Owen, 1972) y su secuela *Steptoe and Son Ride Again* (Peter Sykes, 1973), *Un hombre en casa* (*Man About the House,* John Robins, 1974) o *Are You Being Served?* (Bob Kellett, 1977).

Los setenta fueron años dorados para la comedia televisiva, en especial para la BBC que, a marcada distancia de competidores como la ITV, contaba con un vivero de cómicos inagotable en el que sobresalían los Python con destacados trabajos para la cadena. Mediada la década, la BBC2 estrenó una adaptación del clásico de Jerome K. Jerome *Three Men in a Boat*, dirigida por Stephen Frears, con Michael Palin en uno de sus papeles protagonistas, junto a la aclamada *Fawlty Towers*, serie escrita y protagonizada por John Cleese, elegido la personalidad más relevante de la televisión británica en 1976.

Bajo el poderoso influjo de la televisiva, la comedia cinematográfica buscaba rentabilizar vehículos hechos a medida de estrellas de la pequeña pantalla como los propios Monty Python, con *Se armó la gorda*, o Dick Emery, con *Tatuajes indiscretos* (*Ohhh... You Are Awful*, Cliff Owen, 1972). Mención aparte merece *Confesiones de un limpia ventanas* (*Confessions of a Window Cleaner*, Val Guest, 1974), financiada por Columbia, que recurrió también a actores ya conocidos en televisión y se convirtió en la película más taquillera del año en Reino Unido, en parte por su elevada carga sexual, y que dio lugar a tres secuelas. Así mismo, Peter Sellers, la más prominente de las estrellas formadas en la BBC, volvió a protagonizar una coproducción americana, *El regreso de la pantera rosa* (*The Return of the Pink Panther*, Blake Edwards, 1975). La cuarta entrega de un serial que daba muestras de agotamiento, reavivado por su éxito comercial, dio pie a una inmediata secuela, *La pantera rosa ataca de nuevo* (*The Pink Panther Strikes Again*, Blake Edwards, 1976), a la que, dos años después, seguiría la última entrega protagonizada por Sellers.

Coincidiendo con la vuelta de la mencionada saga, se produjo el estreno de *Los caballeros de la mesa cuadrada y sus locos seguidores* (*Monty Python and the Holy Grail*, Terry Jones y Terry Gilliam, 1975), segundo largometraje de los Python, que se convirtió en película de culto en Estados Unidos. Su éxito no solo sería clave para lanzar las carreras de los miembros del grupo en América, tanto en el cine –Eric Idle rodó en Estados Unidos e Inglaterra *The Rutles: All You Need is Cash* (1978), una parodia del fenómeno de la *Beatlemanía*– como en televisión –Michael Palin realizó diversas apariciones en *Saturday Night Life*–, sino también para la recepción de *La vida de Brian*. Como señala Morgan (1999: 45), para entender lo que supone este film, debe situarse sobre el telón de fondo del estado de la industria cinematográfica británica a mediados de los setenta, particularmente en el terreno de la comedia. Frente a las producciones coetáneas, con *Los caballeros de la mesa cuadrada y sus locos seguidores*, los Python no solo fueron capaces de redefinir los límites de la estructura narrativa (básicamente, ignorándolos), sino también de adoptar estilos de rodar no convencionales e innovadores, remedando los que se habían puesto de moda en el mundo de la publicidad, con directores como Adrian Lyne o Ridley Scott.

Hunter y Porter (2012: 11) remarcan el hecho de que los Monty Python, absolutos dominadores de la comedia británica desde finales de los setenta hasta los ochenta, produjeron las dos mejores comedias de la década de los setenta y algunas de las líneas de diálogo más citadas en la historia del cine británico. El sexteto se convirtió en denominador común en muchas, quizás en la mayoría, de las comedias británicas hasta bien entrados los noventa, al tiempo que, como han rastreado Pérez (2005), en su monografía sobre el grupo, y Costa (2010), en su análisis de las mutaciones de la comedia, son innumerables las ramificaciones de su trabajo.

En Estados Unidos se estrenaron a inicios del decenio dos comedias, compendio del agitado espíritu que convulsionaba el país. *M*A*S*H* (Robert Altman, 1970), una negra mirada a la guerra de Corea, refleja el poderoso sentimiento antibélico. La inesperada magnitud de su éxito se prolongó en los ochenta mediante una secuela televisiva, medio del que provenía su director, con récords de audiencia sin paragón. La pulsión bélica fue tratada con semejante negrura en comedias coetáneas, como *Trampa 22* (*Catch 22*, Mike Nichols, 1970) o *¿Dónde está el frente?* (*Which Way to the Front?*, Jerry Lewis, 1970). Un año después, se estrenó *Harold y Maude* (*Harold and Maude*, Hal Ashby, 1971), film, como el que nos ocupa, profundamente existencialista. Hal Ashby, fue uno de esos directores que, tras ganar un Oscar como montador, consiguió debutar a inicios de los años setenta, década en la que dirigió cuatro sombrías comedias despiadamente críticas con todas las instituciones en las que se asienta la sociedad americana. La negrura de estas comedias hace de la muerte, el reducto más sagradamente serio (Gehring, 2001: 49), una temática frecuente, su objetivo más incisivo e invasivo. En *M*A*S*H*, el clima antibélico es tamizado desde el punto de vista del absurdo de la guerra con una unidad médica que recupera cuerpos desmembrados para recomponerlos y lanzarlos de nuevo al campo de batalla. Por otra parte, la singularmente existencialista *Harold y Maude* aborda el tabú de la muerte como elección liberadora, un viraje a negro que no es privativo de la comedia americana. No en vano, destaca Lanzoni (2008: 161), la exitosa inserción de la muerte, alejada de su condición de elemento colateral para vertebrar la trama, es la evolución más característica de la inclasificable comedia italiana de los setenta.

A su vez, dos figuras, Woody Allen y Mel Brooks, en su triple faceta de guionistas actores y directores, brillaron con luz propia entre el plantel de nuevos comediantes. Allen desplegó una frenética actividad dirigiendo siete películas en los setenta, entre las que destaca *Annie Hall* (1977), por la que obtendría el reconocimiento de la Academia. Asoman en ellas, junto a sus temas recurrentes, una visión cómico- satírica de algunas de las cuestiones centrales de la década; por mencionar tres ejemplos: las revoluciones en Sudamérica, en *Bananas* (1971); la realidad distópica, síntoma de una sociedad en crisis que trata de huir de sí misma, en *El dormilón* (*The Sleeper*, 1973), o la educación sexual, en *Todo lo que usted siempre quiso saber sobre el sexo* pero nunca se atrevió a preguntar* (*Everything You Always Wanted to Know About Sex * But Were Afraid to Ask*, 1972). Brooks, por su parte, dirigió cinco comedias con reminiscencias del slapstick, al tiempo que parodiaba géneros ya estandarizados en la cadena de producción hollywoodiense, como el western, con *Sillas de montar calientes* (*Blazing Saddles*, 1974); el terror, con *El jovencito Frankenstein* (*Young Frankenstein*, 1974), o el suspense, con *Máxima ansiedad* (*High Anxiety*, 1977).

En los setenta no hubo género que escapara de ser objeto de una visión paródica o satírica, desde los clásicos como el western –*El día de los tramposos* (*There Was a Crooked Man…*, Joseph L. Mankiewicz, 1970), por ejemplo–, a otros con menos solera. Stanley Donen dirigió dos comedias que miraban hacia los años treinta: *Los aventureros de Lucky Lady* (*Lucky Lady*, 1975) y *Movie, Movie* (1978). Robert Moore, proveniente de la televisión, realizó una inteligente parodia de las películas policiacas, *Un cadáver a los postres* (*Murder by Death*, Robert Moore, 1976), con los británicos Peter Sellers, David Niven y Alec Guinness. El alcance de las parodias llega a géneros tan diversos como el cine de Kung-Fu, con *El mono borracho en el ojo del* tigre (*Drunken Master*, Yuen Woo-ping, 1978), o los ya decadentes Black exploitation films, con comedias dirigidas por Sidney Poitier (Sklar, 1994: 332), como *Uptown Saturday Night*, cuyo éxito generó una secuela, *Dos tramposos con suerte* (*Let's Do it Again*, 1975), que la superó en taquilla. En ellos, frente a estrellas veteranas como el propio Poitier, resalta la presencia de destacados comediantes negros como Bill Cosby o Richard Pryor. Este último formaría pareja, en films como *El expreso de Chicago* (*Silver Streak*, Arthur Hiller, 1976), con el popular Gene Wilder, que también dirigió sus propias comedias en los setenta.

Mientras uno de los maestros indiscutibles del género, Billy Wilder, si bien iba perdiendo parte del favor del público, siguió mostrando su agudeza en las tres comedias que dirigió durante la década, que inició con una coproducción británico-americana, *La vida privada de Sherlock Holmes* (*The Private Life of Sherlock Holmes*, 1970), otros directores jóvenes volvían la mirada nostálgica al cine clásico. De entre ellos, Peter Bogdanovich trató en vano de emular el frenético ritmo de la *screwball comedy*, con *¿Qué me pasa doctor?* (*What´s up Doc?*, 1972), o recrear los orígenes del cine, con *Así empezó Hollywood* (*Nickelodeon*, 1976).

En Francia, con *Tráfico* (*Traffic*, Jacques Tati, 1971), se despidió el excepcional personaje Monsieur Hulot, mientras las comedias protagonizadas por Louis de Funès, como *El gendarme y los extraterrestres* (*Le gendarme et les extra-terrestres*, Jean Girault, 1979), siguieron haciendo reír al público a lo largo de la década. Fueron numerosas las parodias, como la de la serie B protagonizada por Jean Paul Belmondo *Cómo destruir al más famoso agente secreto del mundo* (*Le magnifique*, Philippe de Broca, 1973), o, siguiendo la estela de éxito de Brooks, producida por la Hammer y protagonizada por Christopher Lee, *Drácula e hijo* (*Dracula père et fils*, Édouard Molinaro, 1976). Molinaro también dirigió *Vicios pequeños* (*La Cage aux folles*, 1978), una comedia que se convirtió en la película extranjera más taquillera de la historia en Estados Unidos, siendo objeto de dos secuelas y un remake americano.

En Italia, se produjo el debut de Nanni Moretti, al tiempo que se despidió Pietro Germi, uno de los grandes referentes del género, con *El divorcio es cosa de tres* (*Alfredo Alfredo*, 1973), que cuenta con un joven Dustin Hoffman. El influjo de la languideciente *commedia all'italiana* se dejó todavía ver en el trabajo de directores tan destacados como Ettore Scola, con *Un italiano en Chicago* (*Permette? Rocco Papaleo*, 1971) y Fellini, con *Amacord* (1973). Su halo de negrura, todavía presente en títulos tan significativos como *Pascualino siete bellezas* (*Pasqualino Sette bellezze*, 1975), con el que Wertmuller, que debutó en el cine de la mano de Fellini, consiguió ser la primera mujer nominada al Oscar por la mejor dirección, fue adquiriendo las tonalidades más coloristas de la comedia sexual. El llamado filón cómico erótico alcanzó sus más elevadas cotas en los setenta hasta el punto de contaminar todos los géneros sin excepción (Lanzoni 2008: 157), particularmente la comedia, con actores omnipresentes como el mito de la comedia erótica Edwinge Fenech o Álvaro Vitali, otro de los descubrimientos de Fellini. Con el llamado cine del destape, asistimos en España a un fenómeno análogo al descrito en Italia. *No desearás al vecino del quinto* (Ramón Fernández, 1970), uno de los grandes éxitos del género, asentó el landismo, de la mano de un actor, Alfredo Landa, que encarnaba los complejos del españolito medio. La veta que generó la mayor permisividad fue rentabilizada por directores como Mariano Ozores o Vicente Escrivá, con actores como el dúo Esteso-Pajares o Josele Román y Nadiuska. A mitad de la década surgieron nuevas comedias de Trueba, Colomo, Martínez-Lázaro o Garci que parecían marcar un nuevo rumbo en el género, pero que se torció, situándose en una suerte de mimética continuidad (Del Amo 2009: 292). Particularmente en el cine de Garci, con films como *Asignatura Pendiente* (1977) o *Solos en la madrugada* (1978), se intuía la huella de una tercera vía dentro de la comedia costumbrista auspiciada por el productor José Luis Dibildos, que mostraba el desencanto de la izquierda tras los años de franquismo (Castro de Paz y Pena, 2005: 61). A su vez, el pasaje de tránsito hacia un nuevo régimen de libertades que abrió 1975 fue aprovechado por cineastas como Berlanga, con su trilogía que arranca con *La Escopeta Nacional* (1978), para diseccionar la España postfranquista.

2.1.4. La cosecha del 79

La cosecha cinematográfica del 79 es un muestrario de buena parte de las temáticas y tendencias que hemos referido. Así, destacan dos divergentes aproximaciones al conflicto de Vietnam, *Apocalypse Now* (Francis Ford Coppola) y *Hair* (Milos Forman); el ya citado clásico de la ciencia ficción *Alien*; la distopía apocalíptica *Mad Max* (George Millar); los retratos del turbio mundo de la pornografía de *Hardcore: un mundo oculto* (*Hardcore*, Paul Schrader); la temida amenaza nuclear en *El síndrome de China* (*The China Syndrome*, James Bridges), o los nuevos modelos de paternidad, con *Kramer contra Kramer* (*Kramer vs. Kramer*, Robert Benton). La realidad también se abría paso con el documental *La batalla de Chile*, colofón de la trilogía de Patricio Guzmán. El cine alemán miraba al pasado: a su historia reciente, con *El tambor de hojalata* (*Die Blechtrommel*, Volker Schlöndorff), o a su legado fílmico, con *Nosferatu, vampiro de la noche* (Werner Herzog). El polaco Kieslowski

bosquejaba en *El aficionado* (*Amator*) el poder autodestructivo del cine.
Iván Zulueta, con *Arrebato*, hacía lo propio en España, coincidiendo con
el estreno de *Supersonic Man* (Juan Piquer), mientras un cine marcadamente político retrataba el asesinato de los abogados de Atocha,
en *Siete días de mayo* (Juan Antonio Bardem, 1979), y el del almirante
Carrero Blanco, en *Operación Ogro* (Gillo Pontecorvo).

En Inglaterra, convivían la nueva entrega de la exitosa saga Bond,
Moonraker (Lewis Gilbert), con sórdidas estampas, acompañadas de un
significativo paisaje musical, del desolador panorama del país: *Radio
On* (Christopher Petit) y *Quadrophenia* (Franc Roddman), a las que se
sumó el polémico retrato social de la época *Escoria* (*Scum*), dirigido por
Alan Clarke, que no escapó a los rigores de la censura.

En el año que cierra la década, al tiempo que se estrenaba *La vida de
Brian*, la comedia dejó un buen número de títulos indicio de hacia dónde se movía el género. Así, frente a la nostálgica declaración de amor,
en blanco y negro a su ciudad *Manhattan* (Woody Allen), encontramos
una ácida crítica a la política estadounidense, *Bienvenido Mr. Chance*
(*Being There*, Hal Asby). Saltaron a la gran pantalla éxitos televisivos,
como *La película de Bugs Bunny y el Correcaminos* (*The Bugs Bunny/
Road-Runner Movie*, Chuck Jones), y continuó el filón de las parodias
del cine de género, como *Amor al primer mordisco* (*Love at First Bite*,
Stan Dragoti). Jiri Menzel dirigió *Los hombres de la manivela* (*Bájecní
muzi s klikou*, Jiri Menzel) y Luigi Comencini *El gran atasco* (*L'ingorgo*),
ambas impregnadas con un poso de amargura.

Las estrellas del deporte fueron rentabilizadas por el género. Así,
en Estados Unidos, Julius Erving protagonizó *Basket Music. Baloncesto
y Música* (*The Fish that Saved Pittsburgh*, Gilbert Moses). En Italia, sería
Bud Spencer, exatleta olímpico, el que protagonizaría, en solitario o
con Terence Hill, más de una veintena de comedias. También las artes
marciales comenzaron a ser vistas desde la óptica de la comedia, un
subgénero en el que pronto destacaría Jackie Chan, ya al frente del
reparto de *El mono borracho en el ojo del tigre* (*Jui quen*, Yuen Woo-
ping, 1978).

En Estados Unidos, Blake Edwards dirigió a Bo Dereck, otro de los
mitos eróticos de la época, en una comedia a su medida, *10, la mujer
perfecta* (*10*), mientras Russ Meyer continuaba con su particular saga,
Más allá del valle de ultravixens (*Beneath the Valley of the Ultra-Vixens*).

El sexo seguía presente en comedias románticas para adultos, como *Comenzar de nuevo* (*Starting Over*, Alan J. Pakula), con Burt Reynolds, o para adolescentes, como *Los incorregibles albóndigas* (*Meatballs*, Ivan Reitman), con Bill Murray. El erotismo impregnaba las pantallas en Italia con Edwige Fenech, que protagonizaba *Policías con faldas* (*La poliziotta della squadra del buon costume*, Michele Massimo Tarantini) o, en coproducción con España, *Camas calientes* (*Letti selvaggi*, Luigi Zampa) con un elenco estelar. Nuestro cine seguía explotando el predicamento de las comedias picantes, con la sátira *La insólita y gloriosa hazaña del cipote de Archidona* (Ramón Fernández) o el cine de Mariano Ozores, con *Los bingueros*, mientras José Luis Garci lanzaba una irónica mirada a los problemas de la adquisición de una segunda vivienda en *Las verdes praderas*, y Rafael Gil adaptaba a Vizcaíno Casas fabulando sobre la resurrección del dictador en *Y al tercer año resucitó*.

En el Reino Unido, los éxitos televisivos siguieron siendo pasto de adaptaciones cinematográfica, como *A la sombra* (*Porridge*, Dick Clement), basada en una popular serie homónima, o *La película de los Teleñecos* (*The Muppet Movie*, James Frawley), coproducción británico-americana pórtico de una franquicia cinematográfica en ciernes. Bill Forsyth dirigió *That Sinking Feeling*, retrato de un grupo de parados en Glasgow, mientras Russ Mayberry adaptó el clásico de Mark Twain *Un astronauta en la corte del Rey Arturo* (*The Spaceman and King Arthur*). Dos de las figuras más destacadas de la comedia, Dudley Moore y Peter Cook, protagonizaron *Derek and Clive Get the Horn* (Russell Mulcahy). Anthony Page realizó una revisión paródica del clásico de Hitchcock *La dama del expreso* (*The Lady Vanishes*). Ian MacNaughton, director de la primera película de los Python, rodó *The Petomane*, y Peter Sellers, protagonizó *El estrafalario prisionero de Zenda* (*The Prisoner of Zenda*, Richard Quine), en la que también se ofreció trabajo a John Cleese ante la demora de seis meses en el rodaje de *La vida de Brian* motivada por la falta de financiación.

2.2. *La vida de Brian*, una comedia singular

La comedia alberga una pulsión transgresora que empuja a pervertir todos los preceptos que rigen nuestro entramado de relaciones sociales. Desde sus inicios en la televisión, los Python se sirvieron de patrones de las moribundas variedades, que reinventaron para transgredir las normas que comenzaban a afianzarse en el nuevo medio.

La comedia cinematográfica es el género en el que la excepcional capacidad del cine para embalsamar el tiempo se manifiesta con particular claridad, de tal modo que analizar las comedias que se producen en una determinada década nos proporciona una valiosa información testimonial sobre las tensiones que se agitan en su interior. En el singular caso que nos ocupa, *La vida de Brian*, la tercera película de los Python, no solo nos habla de la Jerusalén de Pilato, sino también de la Gran Bretaña pre-thatcheriana, de la decadencia de los imperios romano y británico, de las servidumbres y bendiciones del estado del bienestar, y de los peligros del pensamiento radical, satirizando los fundamentalismos arraigados en el corazón de nuestra sociedad para incidir en cuestiones esenciales que llevan al individuo a buscar respuestas sobre las incertezas de la vida y el abismal vacío de la muerte.

Al mismo tiempo, el film es fiel reflejo tanto de lo que sucede en el cine de los setenta como en el agitado contexto socio político de la década. Su proceso de producción, pese al éxito del grupo, necesitó del respaldo económico de una de las figuras más destacadas del panorama musical de la época; su distribución y exhibición estuvieron marcadas por una intensa polémica que desencadenó una oleada de mediáticas protestas. Pese a las virulentas campañas orquestadas en su contra, la película se convirtió en un gran éxito y es reconocida no solo como una de las comedias más brillantes de los setenta sino también de la historia del cine británico.

2.2.1. La génesis de *La vida de Brian*

Durante la gira promocional de *Los caballeros de la mesa cuadrada y sus locos seguidores*, alguien preguntó cuál iba a ser la próxima película de los Python. Eric Idle se alzó en improvisado portavoz del sexteto británico para afirmar que sería *Jesus Christ: Lust for Glory*. El título, que podría ser traducido como *Jesucristo: Sed de Gloria*, además de asimilar la figura de Jesús a George S. Patton en la clara referencia a la oscarizada película *Patton* (Frankiln J. Schaffner, 1970), publicitada como *Patton: Lust For Glory*, como señala David Morgan (1999: 224), sugiere un giro en la trayectoria del grupo hacia una temática mucho más controvertida que la abordada en trabajos anteriores. El propio Idle (ibid.: 225) recuerda de forma precisa el momento en el que le vino la inspirada idea. Aparentemente, todo empezó durante una borrachera con Terry Gilliam en Ámsterdam, tras el estreno en Nueva York de la mencionada película. Ambos comenzaron a hacer lo que él mismo califica como chistes de mal gusto sobre carpinteros, de esos que solo resultan graciosos tras la ingesta de varias botellas de cerveza holandesa. Se trataba de Jesús, que, viéndose crucificado por un torpe e inexperto trabajador, en su condición de hijo de carpintero, trataba de aconsejarle en vano, pues su cruz se desplomaba de forma machacona, golpeándose tercamente de bruces contra el embarrado suelo.

Las distintas publicaciones sobre la trayectoria de los Monty Python, que se suman a otras diversas fuentes documentales, ofrecen distintas versiones, con frecuencia contradictorias, de un mismo hecho (Ross 1997: 181; Topping, 2007: 68; Johnson, 1999: 228; Idle, 2018: 98). Ni tan siquiera los detallados diarios que durante años escribiera uno de sus integrantes (Palin, 2006: 249), nos proporcionan una versión esclarecedora. No obstante, las ofrecidas por los propios miembros del grupo, pese a diferir en los detalles, son coincidentes al señalar a Eric Idle como el que apareció con ese sugerente título, que de inmediato hizo reír a todos y se convirtió en el punto de partida del film. Michael Palin (Morgan, 1999: 226) recuerda que el título propuesto por Idle le pareció fantástico, aunque se preguntaba cómo se le ajustaba a este una película.

Cuando los integrantes del grupo comenzaron a considerar la idea seriamente, se vieron poderosamente atraídos por la frescura del tema ante la ausencia de referentes en su tratamiento cómico. Reverdeciendo sus destrezas como investigadores, adquiridas a su paso por dos de las más prestigiosas instituciones británicas (Oxford y Cambridge), en las que, a excepción del americano Terry Gilliam, recibieron su educación formal, se pusieron manos a la obra. Durante varias semanas, el sexteto se enfrascaría en un minucioso proceso de investigación que incluyó la lectura de la biblia, así como de multitud de textos exegéticos de diversa índole. Finalizada esta revisión bibliográfica, se enfrentaron al visionado de algunos films clásicos realizados en la década anterior en la que, ante la amenaza de la televisión, la industria del cine se lanzó a realizar grandes superproducciones, que demandaban un visionado en pantalla grande, para las que la historia más grande jamás contada parecía ser un material narrativo idóneo. Títulos como *Ben-Hur* (William Wyler, 1959), *Rey de reyes* (*King of Kings*, Nicholas Ray, 1961), *Barrabás* (*Barabbas*, Richard Fleischer, 1961), junto a otros dos sonados fracasos comerciales posteriores, *Cleopatra* (Joseph L. Mankiewicz, 1963) y *La caída del imperio romano* (*The Fall of the Roman Empire*, Anthony Mann, 1964), supusieron el golpe de gracia para algunos de los ya tambaleantes grandes estudios, extremo que tendría una decisiva influencia en el cine británico de los setenta.

Finalizado este proceso, extrajeron dos claras conclusiones: en primera instancia, tamizadas por la frescura de una mirada distante en el tiempo, la manifiesta fisicidad de actores como Charlton Heston, sus altisonantes voces y la reverencial solemnidad con la que actuaban resultaban extremadamente cómicas; de igual modo, resolvieron, de manera obvia y unánime, que no podían mofarse de lo que decía Jesús, puesto que lo que Él decía se les antojaba absolutamente correcto (y budista), pero la gente que estaba a su alrededor resultaba enormemente graciosa. En consecuencia, desecharon situaciones potencialmente cómicas, como las dificultades que suponía hacer la reserva para la última cena, máxime cuando se requería una mesa para doce, preferentemente con todos los comensales sentados del mismo lado, encontrando tan solo la alternativa de tres mesas de cuatro o un cambio de fecha. Tampoco cuajó la historia de un discípulo número trece, que siempre se empecinaba en llegar tarde y se perdía la mencionada cena, ya que su esposa tenía invitados en casa esa noche y quedó en pasar después a tomar una copa. Estas ideas, aunque les resultaban divertidas, fueron descartadas con cierta rapidez en favor de contar la historia de Brian que, azarosamente, se cruza con la de Jesús.

Los Monty Python afrontaban así su tercer proyecto para la gran pantalla durante la década de los setenta. *Se armó la gorda*, mera amalgama de sus más celebrados sketches pertenecientes a su época televisiva, dio paso a *Los caballeros de la mesa cuadrada y sus locos seguidores*, una paródica y disparatada incursión en el universo artúrico, todavía muy deudora del carácter episódico en el que la tiranía del gag diluye la consistencia del relato. Frente a estas, la tercera película de los Monty Python iba a suponer un notable cambio de tendencia, justo en el preciso momento en el que habían surgido distintas líneas de trabajo en el seno del grupo: John Cleese había alcanzado enorme éxito con la serie *Fawlty Towers* (1975-1979); Michael Palin y Terry Jones trabajaban conjuntamente en *Ripping Yarns* (1976-1979); Eric Idle se encontraba enrolado en *Rutland Weekend Television* (1975-1976); Graham Chapman escribía e interpretaba *The Odd Job* (Peter Medak, 1978), tras haber protagonizado dos años antes el telefilm *Out of the Trees* (Ian MacNaughton, 1976), y Terry Gilliam había dirigido *La bestia del reino* (*Jabberwocky*, Terry Gilliam, 1977), su primer largometraje en solitario.

Teniendo esto en consideración, el rodaje de *La vida de Brian* se iba a convertir en una suerte de reencuentro que, tras casi cuatro años de distanciamiento, les brindaba la posibilidad de trabajar juntos. El éxito en taquilla de sus anteriores films, contra todo pronóstico, no fue aval suficiente para conseguir financiación (Topping, 2007: 69). La retirada in extremis de EMI Films a escasas jornadas del comienzo del rodaje dejó al grupo en una delicada situación. Tras llamar infructuosamente a diversas puertas, sería la milagrosa implicación en el proyecto del exintegrante de *The Beatles* George Harrison, que asumió su financiación, la que lo haría viable. La mediación salvadora de Harrison adquirió tintes míticos, y se llegó a afirmar que, como reconocido fan del grupo, su deseo de ver el film hizo que pagara la entrada más cara de la historia del cine. No obstante, dejemos de lado, momentáneamente, la génesis del film y comencemos por el principio.

2.2.2. El proceso de producción, distribución y exhibición

El accidentado proceso de producción del film, en las antípodas de la placentera experiencia que pareció resultar el rodaje, nos proporciona no pocas claves acerca de la situación del cine y de la sociedad británica del momento. Su anterior película, rodada en cinco semanas con exiguo presupuesto, fue financiada en gran medida, como señalan entre otros McCall (1991: 27), con dinero proveniente de contribuciones de grupos de rock, entre ellos Pink Floyd y Led Zeppelin.

Es conveniente tener en cuenta la vinculación de los Python con los grupos musicales más destacados de los sesenta y setenta, un vínculo articulado no solo alrededor de un nuevo público cuyo favor compartían (sumado, en ocasiones, a estrechas relaciones trabadas por vínculos amistosos y crematísticos), sino también gracias a la hábil promoción llevada a cabo por Nancy Lewis, que los introdujo, como si se tratara de una banda de rock, en el mercado americano (Pavía, 2018). De facto, el proceso de producción de *La vida de Brian* no se puede desgajar de la singularidad del momento, que dibujaba una encrucijada entre la crisis que atenazaba al cine británico de los setenta y un feroz incremento de la presión fiscal para los más pudientes, motivo por el cual algunos miembros del sexteto decidieron cambiar de residencia. En esta tesitura, los grupos de pop, que estaban ganando una auténtica fortuna, creyeron encontrar en los Python una oportunidad para aliviar sus problemas con el fisco. La jugada no les salió según lo esperado, pues, lejos de convertirse en una oportunidad de desgravar impuestos, la película funcionó muy bien en taquilla y su éxito fue instantáneo, con enormes ingresos en su primera semana en Londres y laudatorios comentarios de la crítica, como destaca Smith (2012: 175).

Algunas voces apuntan ciertas similitudes con lo sucedido en el azaroso proceso de financiación de *La vida de Brian*. Durante la estancia del grupo en Barbados, en la que, como veremos, se terminó de pulir el guion, coincidieron con Barry Spikings, director ejecutivo de EMI, empresa líder del sector en el Reino Unido, país en el que había distribuido su anterior film. John Goldstone, que ya fuera productor de esta, se reunió con Spikings, propietario de una casa en la isla, y el director gerente Michael Deeley y, con extrema facilidad, se alcanzó un acuerdo para su financiación. En febrero de 1978, cuando todo estaba preparado para comenzar a rodar y los Python listos para marcharse a Túnez, el jefe de la EMI, Bernard Delfont, leyó el guion y su veredicto fue que era obsceno y sacrílego, alejado tanto del humor que caracterizaba al grupo como de la imagen con la que su compañía quería verse identificada. La retirada unilateral de la EMI dejó varada la producción en una situación extremadamente delicada, pues los Python ya habían realizado una considerable inversión, el equivalente al presupuesto total de su primera película (Hewinson, 1981: 65). Dado que no disponían de ningún plan alternativo, emprendieron acciones legales demandando una compensación económica. El tema se zanjó con un acuerdo extrajudicial protegido por una cláusula de confidencialidad, pero los Python, argumentando que no había ninguna cláusula de confidencialidad sobre la existencia de esta cláusula de confidencialidad, no se demoraron en hacerlo público.

Entretanto, Eric Idle y John Goldstone viajaron a Estados Unidos en busca de financiación. Tras varias tentativas frustradas en Los Ángeles y Nueva York, en gran medida por la temática del film, fue George Harrison el que se hizo cargo de la producción. La intervención de este adquirió tintes legendarios, pues se le atribuyó tal deseo de ver el film que no vaciló en hipotecar su casa y su estudio para financiarlo, aunque, al parecer, la asfixiante presión fiscal jugó un papel esencial en su deseo de invertir en el cine. De un modo u otro, de la mano de Dennis O`Brien, el que fuera, por recomendación de Peter Sellers, su asesor financiero, fundó HandMade Films[3], sello que no solo produciría la película del sexteto, sino que también desempeñaría una labor decisiva en la evolución de sus trayectorias individuales, particularmente en el caso de Terry Gilliam, Michael Palin y Terry Jones.

John Goldstone diseñó una estrategia de cara a conseguir distribución en Estados Unidos. Consciente de la importancia de generar tanto ruido como fuera posible antes de mostrar una copia a los distribuidores, anunció a doble página en la revista *Variety* la finalización de la película, pues solo si se cerraba un acuerdo para la distribución en el mercado americano con al menos seis o siete meses de antelación, se garantizaba el poder disponer de salas para el estreno (Palin, 2006: 574). Goldstone consiguió firmar un contrato de distribución con el jefe de la Warner Bros., John Calley, que se mostró absolutamente entusiasmado, pues creía que podía ser una de las mejores comedias de la historia, al tiempo que manifestaba cierto grado de preocupación por el hecho de que la escena en la que Brian reivindica orgulloso sus orígenes judíos pudiera resultar ofensiva para esta comunidad (Palin, 2006: 581).

La decisión de decantarse por un estreno americano obedecía a varios factores: por un lado, el predicamento que el grupo tenía en este país, pues, como reseña Smith (2012: 176) ofreciendo interesantes datos al respecto, *Los caballeros de la mesa cuadrada y sus locos seguidores* se había convertido en una película de culto en Estados Unidos, lo que facilitaba la distribución de *La vida de Brian* en el mercado americano.

---

3 El documental *An Accidental Studio* (Bill Jones, Kim Leggatt, Benjamin Timlett, 2019) ofrece un sugerente recorrido por la trayectoria de esta singular compañía.

Por otro lado, los Python eran conscientes de que se movían en un terreno en el que se podrían ver heridas ciertas susceptibilidades, y América, la tierra de la libertad de expresión bajo la protección de la primera enmienda, parecía una elección acertada. El estreno mundial de la película tuvo lugar en Nueva York el 17 de agosto de 1979. En España se estrenó el 29 de octubre de 1980. Sin embargo, antes de la que la película pudiera ser exhibida, debió someterse a un proceso de calificación no exento de polémica.

2.2.3. Recepción, polémica y censura

Incluso antes de que la película estuviera lista para ser estrenada, se produjeron los primeros problemas con la censura. Al parecer, algún miembro del equipo envió once páginas del guion a la asociación cristiana Nationwide Festival of Light (también conocida como Festival of Light). Su fundadora y líder, Mary Whitehouse, emprendió una cruzada contra el film antes de tener ocasión de ni tan siquiera verlo (Hewinson, 1981: 67). Conviene en este punto detenerse un instante para situar el film en su contexto de la mano del recorrido, alejado de la nostalgia, que nos ofrece Leon Hunt (1998: 17) por lo que califica como baja cultura británica, centrándose en sus pánicos morales agitados por personajes como Whitehouse. La situación era de un equilibrio inestable entre el aumento de las victorias liberadoras de los setenta, promovidas por el empuje de la permisividad de los sesenta, frente a un reajuste al inicio de la década, una suerte de contrarreforma punitiva. En 1977, cuando los Python comenzaban a escribir *La vida de Brian*, se produjo por primera vez en quince años un caso de denuncia por blasfemia. Se trataba de una poesía publicada en *Gay News*, en la que un centurión meditaba ante la cruz en la que estaba siendo crucificado Jesús. La mencionada Witehehouse[4], autoproclamada guardiana de la moral cristiana, sería la encargada de liderar una campaña de denuncia por blasfemia y libelo contra *Gay News*, uno de cuyos fundadores era Graham Chapman, de la que salió victoriosa. Su editor fue sentenciado a una pena de nueve meses de cárcel y año y medio de suspensión, además de una sanción económica.

---

4 Dos documentales se acercan a esta figura: la reciente serie *Banned! The Mary Whitehouse Story* (Hannah Berryman, 2022) y *Filth: The Mary Whitehouse Story* (Andy De Emmony, 2008).

No era esta la primera batalla que libraba. De la mano de Margaret Thatcher, entonces Secretaria de Educación, arremetió contra el libro *The Little Red Schoolbook*, escrito por dos profesores daneses en 1969, que invitaba a los jóvenes a cuestionar tanto las normas sociales como el autoritario sistema de enseñanza. A su llegada al Reino Unido en los setenta, se confiscaron ejemplares, y Whitehouse consiguió procesar al editor bajo la *Obscene Publication Act* (Larsen, 2018: 30). Igualmente, sería una de las voces que se alzó en contra del rodaje en tierras británicas de *The Sex Life of Jesus Christ*, del también danés Jens Jørgen Thorsen, al que consiguió que se le prohibiera la entrada en el país en 1977.

Con todo, la cultura europea y británica eran mucho más liberales que la americana en ese período. Tal y como ya se maliciaba John Goldstone durante la fase de montaje, la inquebrantable determinación de Terry Jones de no renunciar a los desnudos frontales de Brian al asomarse a la ventana tras pasar la noche con una Judith, igualmente mostrada en cueros, iba a generar problemas (Palin, 2006: 546). Aunque en América no existía censura cinematográfica desde la abolición del código Hays en 1968, las películas se podían presentar voluntariamente a clasificación a la *Motion Picture Association of America*, encabezada por Jack Valenti. Esta otorgó al film la calificación R, de restringida, para algunos un verdadero oprobio, que permitió a los menores de diecisiete años ver la película únicamente si iban acompañados de un adulto. Valenti, pese a las protestas de algunos sectores religiosos, defendía que la función del sistema de clasificación no era la de adjudicar valores o tomar una posición moral, sino situar la responsabilidad de orientación en los padres (McCall, 1991: 71). McCall recoge el comunicado que la distribuidora del film se vio forzada a lanzar, tan solo diez días después de su estreno, en respuesta a la oleada de protestas. En este, tras afirmar que se trataba de una película divertida, entretenida, recibida con entusiasmo por el público, mencionaba que nada más lejos de la intención de Warner que ofender las creencias de nadie, algo que, ciertamente, lamentaban haber hecho. Terminaba afirmando que la película era una sátira, una parodia, y debía ser vista en ese contexto.

Aunque los Python esperaban algún tipo de polémica, se vieron sorprendidos por los primeros y virulentos ataques que llegaban de la asociación de rabinos de Nueva York. Al parecer, el tallit, que ellos habían utilizado en la escena de la lapidación y que consideraban que era solo una pieza de vestuario, era una túnica con la que en la comunidad judía se revestían para rezar. La asociación rabínica de América denunció la película calificándola de blasfema y de crimen contra la religión. El rabino Abraham B. Hecht se alzó como portavoz, en representación de un millar de rabinos, para afirmar que esta constituía un salvaje ataque al judaísmo y a la biblia, al tiempo que una cruel burla de los sentimientos religiosos de los cristianos, y lanzó la advertencia de que el que continuase proyectándose podía desatar una violencia grave.

Sin pretenderlo, los Python habían realizado una sorprendente contribución a la reconciliación entre distintas religiones y entre distintas iglesias, que se fueron adhiriendo a la creciente oleada de protestas. El revuelo mediático puso aún más el foco en el film, lo que generó una publicidad que multiplicó las perspectivas de negocio, pasando, de los doscientos cines en los que inicialmente se iba a proyectar, a los casi seiscientos. Como era de esperar, el verdadero test radicaba en la distribución fuera de los grandes centros como Nueva York y Los Ángeles, particularmente en algunos estados situados en el llamado cinturón bíblico, que prohibieron la proyección. Pese a la polémica, la presión ejercida por asociaciones como *Citizens Against Blasphemy Committee*, la rara capacidad de ofender a un amplio abanico de religiones y los consiguientes intentos de retirarla de los cines, *La vida de Brian* obtuvo unas ganancias superiores a los veinte millones de dólares tan solo en Estados Unidos.

En Inglaterra, los ecos de la polémica suscitada en América acrecentaron el interés que despertaba el film, al mismo tiempo que la batalla contra este se recrudecía. Mary Whitehouse, también fundadora de la *National Viewers' and Listeners' Association*, otra suerte de púlpito desde el que prosiguió su virulenta cruzada contra la película, estaba empecinada en decirle a la gente lo que no debía ver. Ante el cariz que estaba tomando el asunto, James Ferman, secretario del *British Board of Film Censors* (BBFC), solicitó a los Python que buscasen asesoramiento legal antes de someter el film a clasificación. Estos recurrieron a John Mortimer, el que fuera defensor de Gay News, que, tras visionar el film, no percibió indicios de blasfemia y les dio el plácet. A pesar de la brutal campaña de hostigamiento, en agosto de 1979 el BBFC dio el visto bueno a la película sin cortes de censura, calificándola con un certificado de proyección AA, lo que implicaba la restricción del visionado para mayores de catorce años (McCall, 1991: 70), decisión que, lógicamente, no satisfizo las ansias inquisitoriales de Mary Whitehouse. Pero aún quedaba otra batalla por librar ya que, como detalla el historiador Robert Hewinson (1981: 65), autor de un libro monográfico sobre la persecución de los censores a la que los Python se vieron sometidos desde sus inicios en la televisión, la BBFC no detentaba ninguna autoridad real. Esta residía en los ayuntamientos, que tenían la potestad de decidir qué se proyectaba en las salas bajo su jurisdicción.

Justin Smith (2012: 179-180), en su inteligente recorrido sobre la trayectoria cinematográfica del grupo, relata a su vez los avatares que el film pasó con la censura, deteniéndose en el papel del secretario de la BBFC. James Ferman optó finalmente por escribir una carta a los Local Councils en la que afirmaba que una fe que pudiera ser sacudida por el film, ciertamente era una fe precaria, a lo que añadía que Gran Bretaña no era un estado teocrático gobernado por un rígido ayatola, y que una religión verdadera sería más saludable en un mundo que se permitiera un sentido del humor honesto y bienintencionado. Pese a las conciliadoras palabras de Ferman, se libró una batalla en la que la película se prohibía en unas poblaciones, mientras se podía ver en las vecinas. La fiebre inquisitorial llevó incluso a prohibir las proyecciones en localidades que carecieran de cine. En ocasiones la prohibición se mantuvo durante décadas, tal es el caso de lo sucedido en Aberystwyth, localidad galesa que levantaría la prohibición en 2009 de la mano de su por entonces alcaldesa Sue Jones-Davies, que interpretó a Judith en el film.

Algunos países prohibieron totalmente la proyección de *La vida de Brian*, entre ellos Irlanda, Sudáfrica y Noruega. Los suecos, conocida la amistosa rivalidad con sus vecinos, se apresuraron a publicitarla afirmando que era tan divertida que había sido prohibida en Noruega. En Reino Unido se puso en marcha una ingeniosa campaña publicitaria para la que grabaron anuncios el dentista de Michael Palin, la madre de Terry Gilliam y la de John Cleese. Esta última pedía que fueran a ver la película, ya que su hijo John iba a porcentaje, ella tenía 102 años, vivía en una maravillosa residencia, y este no iba a poder mantenerla si no obtenía bastantes beneficios y eso la mataría. Muriel Cleese, de ochenta años, obtuvo un galardón por ese anuncio.

Cuando, finalmente, tras esquivar boicots y problemas con la censura, la película se estrenó el 8 de noviembre en el Plaza de Londres, lo hizo batiendo récords de taquilla desde su primera semana. En esta ya obtuvo unas ganancias de 40.000 libras, superando a *Tiburón*, que detentaba el anterior récord de recaudación en 8.000 libras, con menor número de proyecciones. Al final del año acabó en la cuarta posición en el ranking de películas más taquilleras en el Reino Unido. A su vez, fue la película británica que más recaudó en 1979 en América. No obstante, al igual que sucedió en aquel país, las campañas de presión lastraron el rendimiento del film fuera de los grandes núcleos poblacionales.

Con anterioridad a su estreno, los Python se vieron obligados a realizar una ronda de entrevistas y apariciones públicas defendiendo su película. De entre ellas, una ha pasado a los anales de la televisión británica convirtiéndose en un verdadero clásico. En noviembre, John Cleese y Michael Palin fueron invitados a debatir sobre la película en el programa de Tim Rice *Friday Night, Saturday Morning*, frente a Mervyn Stockwood, obispo de Southwark, y Malcolm Muggeridge, amigo de Whitehouse convertido al catolicismo y miembro del *Festival of Lights*. La soberbia actitud de estos imposibilitó cualquier conato de debate o intento de argumentar en contra de la reiterada acusación de blasfemia. Pocos días después, en el programa *Not the Nine O'clock News*, Rowan Atkinson, conocido por su personaje de Mr. Bean, parodió el encuentro dándole la vuelta e interpretando el papel del obispo.

La película también tuvo también sus defensores desde un inicio en el seno de la iglesia, ajenos a su valoración como blasfema. De igual modo, no pasó desapercibida para estudiantes y profesores de literatura bíblica, conscientes de las numerosas referencias a lo que era la más puntera de las investigaciones sobre cuestiones bíblicas y estudios judaicos que esta contenía. Treinta y cinco años después de su estreno, el King's College londinense organizó un congreso alrededor de ella en el que académicos, investigadores y expertos en los orígenes del cristianismo, del judaísmo del siglo primero y otros campos de estudio como el cinematográfico exploraban el Jesús histórico y su época a través del film. El encuentro también contó, al margen de un destacado grupo de exégetas, con la presencia de John Cleese y Terry Jones. Posteriormente, Joan E. Taylor recopiló las distintas investigaciones presentadas en forma de libro. En él se traza una fascinante relación entre los estudios bíblicos y la película de los Python, en el que también el célebre debate recibe una significativa atención crítica. En este libro se incluye el texto de Richard A. Burridge (2015: 19), que, con un significativo título que alude tanto a lo que vio el obispo como a la visión que la iglesia anglicana tenía de los Python, explora las reacciones de los grupos religiosos y de la iglesia para ahondar en las razones por las que, rápidamente, se asumió que los cristianos encontraban la película ofensiva y querían prohibirla. Burridge reconoce con tristeza que, en ocasiones, la iglesia, en lugar de seguir las enseñanzas de Jesús, se ha visto atrapada en el cisma. *La vida de Brian*, como añade a reglón seguido, satiriza con brillantez esa tendencia de ciertos grupos religiosos y políticos a dividirse en facciones, enfrentarse unos a otros y perder totalmente de vista la intención de su fundador. Encontramos una clara muestra de ello en los distintos frentes populares que luchan entre sí por la liberación de Judea, visión caricaturesca de la izquierda británica y los movimientos sindicales de la Inglaterra de los setenta.

3. Sinopsis

Brian Cohen nace en un humilde establo a escasa distancia del lugar en el que ve la luz Jesús de Nazaret. Guiados por una traviesa estrella, tres magos llegados de tierras lejanas confunden a Brian con el Mesías. Mandy, su madre, pasa de la sorpresa inicial ante tan inesperada visita al codicioso regocijo tras recibir los presentes, particularmente el oro, con los que los sabios agasajan al bebe. La alegría dura poco en la casa del pobre, pues los magos no tardan en darse cuenta de su error. Sin mayores miramientos, se aprestan a repararlo arrebatando a Mandy los regalos y propinándole un empujón para zanjar sus protestas.

En Judea, año 33 d.C., por la tarde, sobre la hora del té, Jesús predica a una gran multitud. Los que se sitúan al final de esta, ante las dificultades para seguir su mensaje, terminan por malinterpretarlo.

Justo cuando va a estallar una pelea entre estos, Brian y su madre se disponen a marcharse para asistir a una lapidación. Brian ha de ser reclamado por su madre pues se ha detenido, prendado por la fugaz visión de Judith, una joven cuya presencia destaca entre el grupo de revolucionarios en el que milita.

De camino a la lapidación, Brian y Mandy, ataviada con una barba falsa para burlar la prohibición que pesa sobre las mujeres, vetadas por ley en las lapidaciones, se detienen a comprar piedras. La multitud, a la que nunca llegarán a unirse, formada en su mayoría por mujeres, se dispone a lapidar a un pecador que ha tomado en vano el nombre del profeta. De vuelta a casa, son abordados por un desagradecido ex-leproso que, al ser sanado, perdió su sustento. Ya en su interior, en el que un soldado espera las atenciones de Mandy, esta, ante las quejas de Brian contra los romanos, trata aplacarlas revelándole que él es uno de ellos pues su padre era un centurión.

Mientras vende snacks en el coliseo, Brian coincide de nuevo con Judith en plena reunión con el Frente Popular de Judea, grupo revolucionario en el que milita. Espoleado por la reciente revelación de sus ancestros romanos y por su atracción hacia la joven, solicita unirse al grupo. Su primera misión revolucionaria, pintar un graffiti reivindicativo, pondrá en evidencia sus carencias gramaticales y le acarreará un ejemplar castigo. Se segunda tentativa, el rapto de la mujer de Pilato, en el que el líder revolucionario no participa debido a sus problemas de espalda, será igualmente desastrosa. Esta vez, Brian es apresado, aunque conseguirá huir aprovechando la mal contenida hilaridad que causa entre la guardia de Pilato su incapacidad para articular la consonante "r". En su huida, sazonada por un sorprende viaje espacial, Brian se hace pasar por un profeta para eludir a las cohortes romanas. El gentío, que indolente escucha a otros profetas, queda fascinado por Brian cuando este deja inacabada una frase al verse ya fuera de peligro.

Su improvisado público le insta a que acabe lo que estaba diciendo. Este se niega y sigue su camino. La multitud no cesa en su demanda y decide seguir a Brian, que, contra su voluntad, se convierte en un inesperado Mesías. Brian consigue zafarse de nuevo aprovechando, en esta ocasión, las disensiones que surgen entre sus adeptos. Súbitamente, aparece Judith, con la que compartirá la noche. Al romper el día, la multitud, empecinada en seguir al nuevo Mesías, se agolpa a los pies de su ventana deseosa de escuchar sus enseñanzas. Brian intenta, en vano, convencerlos de que él no es un profeta y de lo innecesario de los líderes, actitud que contrasta con la de sus correligionarios prestos a explotar comercialmente su recién adquirido status. Pese a que Brian se desvive en su tentativa de explicar a sus seguidores que todos ellos son individuos y que deben decidir como tales su camino, para su desesperación, al unísono, contestan afirmativamente.

Tras su incomprendida soflama, Brian es de nuevo apresado. Esta vez el mismo Pilato, en presencia de su amigo Pijus, decidirá la suerte de Brian: morir en la cruz junto a otros ciento treinta y nueve condenados. Si el irónico destino de Brian era el de cruzarse con el Mesías desde el momento de su nacimiento, acabará sus días como Este, colgado de un madero. Víctima de una cruel broma del destino, Brian espera en vano ser rescatado. Entre la impotencia y la desesperanza, asiste resignado al desfile de sus presuntos redentores. Ninguno de ellos hace tan siquiera amago de salvarlo. No importa, pese a ello, tal y como canta uno de los infelices que corre su misma suerte, siempre hay una razón para sonreír.

4. ESTRUCTURA

La vida de Brian es la película de los Monty Python que presenta una estructura narrativa más coherente y elaborada, sustentada en la cuidadosa trabazón de un guion objeto de un dilatado proceso de escritura, revisión y reescritura que se beneficia a su vez del juego que establece con el intertexto religioso. Sin embargo, como señalan Neale y Krutnik (1995: 30) la comedia se distancia con frecuencia de las normas y regímenes de motivación que gobiernan otros géneros. Así, gracias a esta mayor laxitud ampliamente explotada por los Python, los hechos pueden escapar de la cadena de conexiones causales o se pueden producir digresiones en la estructura narrativa a fin de conseguir un efecto cómico.

El relato arranca con un pregénerico, una primera unidad dramática que funciona como prólogo, cronológica y estilísticamente separado del resto del film, en el que se contextualiza el primero de los equívocos que van a jalonar la peripecia narrativa de Brian. Tras él, se abre paso sonoramente el genérico, o secuencia de títulos de crédito, que resume con gruesos trazos lo que va a ser su vida. A continuación, nos abismamos en un brutal *flash forward*, un salto hacia adelante en el tiempo de treinta y tres años, que nos muestra a Brian convertido en un adulto de tupida barba. Sin embargo, y en abierta oposición a este vertiginoso salto temporal, en adelante, vamos a asistir a una reseñable condensación del tiempo en tan solo tres jornadas.

En la primera, azarosamente Brian tropieza con un grupo revolucionario al que se une. Sin demasiado éxito, protagoniza dos acciones revolucionarias, se ve obligado a huir tanto de los romanos como de aquellos que contra su voluntad lo toman como un líder y es llevado en dos ocasiones ante Pilato, la segunda de ellas, para ser sentenciado a muerte. Este juego de repeticiones nos conduce a su aciago final en la cruz. A medida que nos acercamos al trágico desenlace, el tiempo se dilata de manera particular, entrelazando distintas líneas de acción que se suceden en paralelo para crear un juego con lo que Alenka Zupančič (2008: 93) denomina suspense cómico. Entre ellas se suceden las variopintas llegadas de misiones salvíficas, invariablemente marcadas por su carácter de esforzados gestos vacíos escenificados a los pies de un desesperado Brian.

Al margen de las licencias de género, podemos encontrar algunos saltos e inconsistencias motivados por las significativas alteraciones durante las distintas fases de producción de las que fue objeto su versión definitiva en las que nos detendremos con más detalle.

1. Brian, un judío coetáneo de Jesús	1.1. Nacimiento y juventud de Brian	1.1.1. La fallida adoración
		1.1.2. Títulos de crédito
		1.1.3. El Sermón de la Montaña y el encuentro con Judith
	1.2 Camino a la lapidación y de vuelta a casa	1.2.1. ¿Piedras señor?
		1.2.2. La lapidación
		1.2.3. Un talento para un ex leproso
		1.2.4. Trágico descubrimiento de los ancestros romanos

2. Desarrollo: Brian se une a la causa revolucionaria	2.1. La revolución gana un adepto	2.1.1. El encuentro con el Frente Popular de Judea
		2.1.2. Primera acción revolucionaria
		2.1.3. Los comandos bendicen a Brian
	2.2. La causa gana un verdadero hombre de acción	2.2.1. Segunda acción revolucionaria
		2.2.2. Detenido y encerrado con Ben
		2.2.3. La primera comparecencia ante Pilato
		2.2.4. Brian escapa de sus captores
		2.2.5. Rescatado por la nave espacial
	2.3. Nace un nuevo profeta	2.3.1. Aprendiendo el arte del regateo
		2.3.2. Los romanos registran la casa de Matías
		2.3.3. Brian el profeta
		2.3.4. ¡Nos ha dado una señal, su zapato!
		2.3.5. El encuentro con el asceta Simón
	2.4. Tras la noche con Judith, el profeta habla a la multitud que le sigue	2.4.1. Sois todos individuos
		2.4.2. Detenido de nuevo
		2.4.3. Segunda comparecencia ante Pilato, secundado por Pijus
		2.4.4. Los comandos adoptan una nueva resolución
		2.4.5. ¿Crucifixión? Saliendo por esta puerta, la fila de la izquierda, una cruz por persona
		2.4.6. El parlamento de Pilato
		2.4.7. El carcelero y su ayudante
		2.4.8. La multitud se burla del parlamento de Pijus
3. Desenlace: Camino del calvario	3.1. Brian afronta su destino en la cruz	3.1.1. El grupo de los que cargan con la cruz
		3.1.2. Pilato da una nueva oportunidad a la turba
	3.2. Las fallidas tentativas de rescate y el modo de afrontar el aciago destino	3.2.1. El centurión indaga sobre el paradero de Brian
		3.2.2. El Frente Popular de Judea rinde tributo a Brian
		3.2.3. Los soldados y el pelotón suicida
		3.2.4. Judith y Mandy
		3.2.5. Always Look at the Bright Side of Life!

5. ANÁLISIS FÍLMICO

5.1. Presentación: Brian, un judío coetáneo de Jesús

5.1.1. Nacimiento y juventud de Brian

5.1.1.1. La fallida adoración   `0h. 00'00"`

En plano general, un oscuro cielo nocturno se va poblando gradualmente de estrellas. Su luz emergente, en ascenso, acompasado con el eco de los coros y el refuerzo armónico del arpa, dibuja una oquedad en la negrura de ese firmamento que se puebla de ensoñaciones. Destaca de entre ellas una estrella de mayor tamaño y luminosidad que, al desplazarse de izquierda a derecha del encuadre, ilumina su parte inferior, que permanecía en absoluta oscuridad, permitiéndonos vislumbrar las siluetas de tres jinetes que avanzan a lomos de tres camellos guiados por su estela. En el momento preciso en el que esta se detiene, suenan las trompetas con las fanfarrias que abren el cielo sobre la tradicional imagen silueteada de Jerusalén. Este primer plano, de cuarentaicinco segundos de duración, nos sitúa inequívocamente y muestra algunas claves de la imaginería visual y sonora con la que jugará el film.

Por corte, en un plano general tenuemente iluminado, cuyo segmento inferior izquierdo permanece en una oscuridad absoluta, los tres jinetes, acompañados por el arpa, se deslizan majestuosamente durante diez largos segundos por la diagonal que traza un haz de luz. De nuevo, el sonido del arpa puntúa el fundido a una imagen más cercana de su ceremoniosa marcha, sutilmente iluminada y mecida por los coros, seguida por la cámara en un movimiento de retroceso hasta desvelar, en el espacio oscurecido del encuadre, un pesebre en el que un burro come plácidamente. Funde a su interior en semi penumbra, delicadamente iluminado por dos velas, a cuya silenciosa intimidad acceden con reverencia los tres jinetes. Frente a ellos, un bebe duerme plácidamente en su cuna, vigilado por su madre que, sobresaltada ante la inesperada presencia de los recién llegados, lanza un grito, pierde el equilibrio y da con sus huesos en el suelo.

Estos seis primeros planos, pórtico del relato, rodados con una majestuosa sobriedad, están dotados de una particular identidad construida por un tempo deliberadamente moroso que recoge un movimiento interno que se detiene en el centro de un plano para ser retomado en el siguiente, arropado por la música y un cuidado diseño del espacio. En línea con su concepción del humor, los Python construyen un trasfondo serio que se socavará con la sustitución de la música por un gutural ruido que sale de Mandy, prolegómeno del grito y la caída de espaldas, para sorpresa tanto del público como de los magos.

El relato se ha encargado de establecer, con primoroso rigor, este orden inicial, pues solo así su ruptura será efectiva. Esta se produce, en primera instancia, por un grito que quiebra el silencio y una caída, evidencia de que la figura materna dista mucho de estar envuelta en el halo de dignidad que debería corresponder al personaje que encarna.

Establecido este primer gesto, la escena se acelera súbitamente mediante un montaje por corte, salpicado de planos más cerrados que recogen las reacciones de incredulidad y sorpresa en una conversación sazonada de malentendidos. Mandy pierde la paciencia con los recién llegados y se dispone a librarse de ellos, pero su actitud virará radicalmente a una renovada amabilidad al escuchar la palabra oro, uno de los presentes con que agasajan al niño que se aprestan a adorar. En plano general, los recién llegados observan al niño con su madre de fondo, al tiempo que se incorporan prestos a abandonar el establo. Mientras Mandy se dispone a recoger los regalos, en segundo plano, vemos la puerta iluminada que, conscientes de su error, franquean los magos para arrebatárselos con violencia. Ante sus protestas, esta acaba de nuevo en el suelo empujada sin mayores contemplaciones por uno de ellos. Una imagen exterior nos muestra un establo vecino cuyo inequívoco paisaje sonoro remite a la presencia de Jesús. De regreso al interior del pesebre, Brian estalla en un llanto que recibe como respuesta una sonora bofetada de su madre que le insta a que se calle.

5.I.I.2. Títulos de crédito `0h. 03'58"`

El sonido de la bofetada que cierra el prólogo enlaza con una música colorista muy a tono con la viveza de las imágenes con las que se inician los títulos de crédito, compuestos de veinte planos. Diseñados por Terry Gilliam, inevitablemente recuerdan al trabajo que este animador realizó, tanto para su secuencia inicial como para los numerosos enlaces entre sketches cómicos del Monty Python Flying Circus. En ellos utilizó un sinfín de referencias visuales procedentes de las Bellas Artes, entre las que destacan, por mencionar tan solo algunas de las más recurrentes, Bronzino, El Bosco, Brugel o Doré. En este caso, Gilliam se centró en la búsqueda de motivos cuya apariencia se ajustase al "universo bíblico". En concreto, Gustave Doré, artista cuya Biblia ilustrada marcó un hito en el arte religioso, es una de las referencias esenciales, junto a Giambattista Piranesi, arquitecto y grabador que bocetó las ruinas de Roma, para dibujar esos enclaves y personajes con marcadas reminiscencias bíblicas. Al margen de estas, el resto de referencias van, desde versiones invertidas de las columnas romanas del teatro de Mérida, a la estatua decapitada asiendo la cabeza cercenada, clásico tropo de despedazamiento muy del gusto de los Python, particularmente de Gilliam, procedente de Doré de nuevo, tomada de su *Divina Comedia*.

La tipografía del título, en el segundo plano de la secuencia, se construye a base de letras de piedra, jugando con la referencia de *Ben-Hur*, cuya tipografía ya fue recuperada por títulos como los clásicos de la Hammer Films *Hace un millón de años* (*One Million Years B. C.*, Don Chaffey, 1966) y, ya en los setenta, *Cuando los dinosaurios dominaban la tierra* (*When the Dinosaurs Ruled the Earth*, Val Guest, 1970), o la también británica *En el corazón de la tierra* (*At the Earth Core*, Kevin Connor, 1976).

Será, precisamente una letra de ese título, la inicial del protagonista, la que, en un tropo característico de Terry Gilliam, se desgaje del conjunto generando un movimiento en cadena. La monolítica B de Brian golpea a un bebé, inspirado de nuevo en Doré, su Natividad en este caso (Larsen, 2018), que se muestra en caída libre, para ascender y volver a precipitarse. En realidad, la secuencia de créditos narra el propio proceso que va a protagonizar Brian, accidentalmente encumbrado como Mesías por sus fanáticos seguidores para, sin solución de continuidad, verse abocado a un terrible final en la cruz. La representación visual de este recorrido encuentra su contrapunto musical en la canción, que, al estilo de las películas de James Bond, puntúa el periplo que realizan las animaciones, un accidentado trayecto que conduce a Brian desde una primera caída hasta la posterior trayectoria ascendente, que terminará, como Ícaro fallido, con un nuevo batacazo acompañado de un desgarrador grito de dolor, en perfecta rima con aquel del bebe que clausuraba el pregenérico.

El itinerario que plantea la letra de la canción viene, a su vez, a llenar el vacío dejado por la elipsis que media entre el arranque y la siguiente escena. Así, la canción desgrana los hechos que puntúan la vida de Brian en un período escasamente tratado en las Sagradas Escrituras. El consiguiente relato bosqueja satíricamente su proceso de acceso a la edad adulta, sin escatimar las referencias a ritos de paso, como el descubrimiento de los placeres del sexo o el alcohol.

5.I.I.3.   El Sermón de la Montaña y el encuentro con Judith   `0h. 06'30"`

Al igual que las dos anteriores, la escena arranca desde lo alto del cielo, en este caso, mediante una sucesión de dos grandiosos planos generales, al estilo de las grandes epopeyas bíblicas como *Rey de reyes*, que siguen el desplazamiento de un enorme gentío por un árido desierto sembrado de montículos, que marida con un paisaje sonoro, remachado por la acotación espaciotemporal sobreimpuesta, "Judea A.D. 33". La cámara continua con su paulatino descenso desde ese cielo, hasta mostrarnos una multitud aún mayor y una segunda acotación en la que se lee "Sábado por la tarde", al tiempo que la cámara se desplaza hacia la derecha para seguir el movimiento del gentío. Por corte, vemos a algunos miembros de esta muchedumbre caminando junto a sus camellos, y una tercera acotación temporal un tanto más precisa, "Sobre la hora del té". Dejando, por un instante esta cámara en movimiento ascendente, las coincidencias con la escena inicial no solo se circunscriben a la imagen del cielo, nocturna la primera y diurna la segunda, o al paisaje sonoro, sino que existe también una analogía respecto al mecanismo cómico utilizado. De nuevo, se presenta un orden, fácilmente reconocible, que se hace estallar en pedazos de manera gradual con la segunda y, sobre todo, tercera acotación, que entrecruza, de forma sorprendente, las imágenes con una de las más arraigadas tradiciones británicas. Volviendo al lugar donde dejamos la cámara, esta sigue su ascenso por una de esas colinas, mientras percibimos una voz que viene de fuera de campo: "Bienaventurados los que escuchan la palabra de Dios…".

Anudado por un encabalgamiento sonoro, inexistente en el doblaje castellano, la imagen funde a la de Jesús que, encaramado en lo alto de una colina, se dirige a la multitud, mientras el objetivo de la cámara se aleja lentamente de Él, con lo que tanto su imagen como su voz pierden nitidez. Un personaje, al final del gentío, grita: ¡más alto! Esta voz discordante rompe así con la convención que sitúa en primer plano el sonido de una imagen lejana que permite escucharla con nitidez pese a clamar en la distancia, e introduce una nota cómica que no hace sino acentuarse cuando descubrirnos que, para vergüenza de Brian, se trata de Mandy. En un plano de conjunto, azorado, el joven trata de calmar a su madre mientras esta le urge para que se marchen a una lapidación. A su vez, otro de los asistentes reclama a Mandy y Brian que se callen, mientras su mujer le reprende por hurgarse la nariz. Será este apéndice, entre las demandas de silencio y las referencias al tamaño de este, el que estará en el centro de la discusión que estalla en el grupo situado al final del gentío. Así, por un lado, se presenta a una serie de personajes que tendrán una presencia episódica, y se anticipa, con el tema del tamaño de la nariz, el conflicto de la identidad y la pertenencia a una etnia. Pese a que un Brian conciliador, como también sucederá en adelante, trata de imponer sensatez y evitar el conflicto, la cosa acaba en una tumultuosa pelea.

Un plano medio más cerrado nos devuelve a Brian y Mandy, que insiste en ir a la lapidación. Un primerísimo primer plano capta parte del rostro de Brian para centrarse en su mirada fascinada que se vuelve hacia un fuera de campo tamizado por una música que comienza a sonar. Esta nos anticipa tanto la aparición de Judith como el intenso efecto que causa en Brian, que, embelesado, la ve pasar frente a sus ojos con sus correligionarios junto al lugar en el que sigue la pelea. Su salida de campo revela la presencia de Mandy, que ha tomado la delantera reclamando a su hijo que se le una.

La escena se cierra con un plano general muy abierto en el que advertimos cómo sigue la pelea, que los soldados romanos tratan de apaciguar, mientras al fondo, en profundidad de campo, acertamos a ver esa figura, subida a una loma, rodeada de una multitud. Desde su arranque, el relato se ha centrado en la discusión que estalla entre los personajes, y no en Jesús y sus palabras. Prácticamente desde el inicio se ha producido un cómico desplazamiento del foco de interés que será esencial. Sorprendentemente, este no se ha puesto en la figura de Jesús, sino en aquellos que lo siguen, lo escuchan, pero no aciertan a entenderlo, lo malinterpretan y discuten sobre el sentido de sus palabras, verdadera clave del film.

5.1.2. Camino a la lapidación y de vuelta a casa
5.1.2.1. ¿Piedras señor?   `0h. 10'33"`

En plano general, Brian y Mandy caminan en dirección a cámara. Ella, se queja ante la incomodidad de tener que ajustarse una barba postiza, delatoramente falsa, bajo la mirada de su hijo que la interroga sobre el motivo que impide a las mujeres asistir a las lapidaciones. Mientras esta zanja el tema afirmando que así está escrito, un nuevo plano más lejano nos muestra, en primer término, un tenderete frente al que una mujer, en un surrealista toque Python, camina cargada con un burro a sus espaldas. Arguyendo que el animal no se encuentra bien, sale de campo tras rehusar detenerse ante los requerimientos de un tendero que le revela todo un muestrario de barbas falsas oculto bajo su túnica. Por el contrario, Brian y Mandy sí se demoran cuando este se dirige a ellos ofreciéndoles piedras.

Pese a que, como afirma Mandy, abundan en el suelo, acaban comprando dos puntiagudas, dos planas y un paquete de grava, al tiempo que la cámara se va cerrando sobre los tres para escuchar el anuncio final del vendedor, que les anticipa que la lapidación de hoy promete, pues se trata de un chico de por aquí. El diálogo dibuja los recovecos de un juego de identidades prolegómeno del que se va a producir en la siguiente escena de la lapidación. El propio Brian pasa por alto el hecho de que su madre esté disfrazada, enmendando el error cometido cuando lo puso de manifiesto. Esta transacción comercial que, excepcionalmente en el universo Python, funciona de manera satisfactoria, se verá ensombrecida por el contrapunto irónico de su manifiesta inutilidad. Brian y Mandy no llegarán nunca a la lapidación.

Esta secuencia retrata la lapidación, al igual que se hará con la crucifixión, como una actividad cotidiana, marcada por el prisma de la épica y retórica de la competición deportiva, lo que establece una profiláctica distancia. Aún más, envuelta en esa incesante actividad comercial de la ciudad, el continuo trasiego de sus gentes, ocupadas en su laboriosa cotidianeidad, que conforma el telón de fondo del film.

5.1.2.2. La lapidación

Oh. 11'14"

El sonido de la enfervorizada masa que arrastra a un reo satura una tambaleante imagen cerrada sobre este que se abre en un plano general de situación. Un breve inserto, de escasos dos segundos, nos devuelve a Brian y Mandy de camino, si bien, aunque se conservan algunos fotogramas en los que se aprecia su presencia al final de la multitud, no aparecen en la escena. Esta se articula en torno a los tres focos de interés que nos muestra el plano inicial: el reo, la ruidosa multitud y la autoritaria presencia de Cleese. Erguido sobre una roca, que junto a su vestuario magnifica su ya considerable altura, acalla con un mero gesto los gritos, imponiendo el silencio necesario para leer la sentencia condenatoria por pronunciar el nombre de Jehová.

Tras su lectura, se establece un juego de voces, que esconde otro de identidades, articulado mediante la repetición y la vuelta a la figura de Cleese, a la que se reservan los primeros planos, mientras se muestra en plano general al grupo de mujeres disfrazadas de hombre que exhibía al inicio su desbocada agresividad. La ansiedad de las mujeres barbudas a duras penas puede ser reprimida, bien al contrario, va en ardoroso aumento. Una de ellas, incapaz de contenerse, deja escapar un arrebatado chillido reveladoramente femenino, otra lanza una piedra antes de tiempo.

Todo sucede muy rápidamente, subsumido en un juego de identidades reales y fingidas, mediante un mecanismo de repetición construido in crescendo que culmina en una hiperbólica exageración, puntuada por una aceleración de la imagen que incrementa tanto el efecto de irrealidad como el cómico. Así, la última piedra gigante resulta de tal tamaño que no solo sepulta literalmente a Cleese, sino que también ocupa todo el encuadre, llegando a oscurecer el plano.

Junto a este gag que se va dibujando en una marcada escala ascendente, encontramos otra dinámica típica de los Python, la poderosa figura que ocupa el lugar del severo maestro autoritario frente a las mujeres que exhiben una candorosa gestualidad infantil, bajando la cabeza y acusándose unas a otras al ser pilladas en falta. La oposición entre ambas se construye tanto desde la divergencia en la escala de los planos como desde las voces: frente a la potente voz de Cleese, las voces femeninas se tiñen de una tonalidad grave manifiestamente impostada.

El efecto, en marcado tono creciente, se intensifica mediante la repetición, hasta que, en última instancia, cuando Cleese pierde el control, la velocidad con la que los hechos se desencadenan se incrementa hasta culminar en ese extremo lanzamiento de la descomunal piedra. Su hiperbólico tamaño, que llega a oscurecer el plano, remachado cómicamente con el comentario "buen tiro", cierra la escena de la lapidación, presentada, de nuevo, como un espectáculo cotidiano en el que, pese a la expresa prohibición, se desliza la presencia femenina.

5.1.2.3. Un talento para un ex leproso   0h. 13'55"

Desde la imagen en movimiento de una colosal estatua de Pilato, construida mediante uno de esos juegos tan del gusto de Terry Gilliam, tomando como referencia el David de Miguel Ángel y el Julio Cesar de Rímini, la cámara desciende siguiendo su traslado y revela, momentáneamente, la presencia de Brian y Mandy, esta vez camino a casa. Mientras todavía escuchamos el eco de su conversación que versa sobre el tamaño de la nariz y su relación con el sexo, la imagen se aleja de ellos para mostrarnos a la gente avanzando hacia la puerta principal de la ciudad, ajena al cotidiano panorama de cruces y esqueletos. Un leproso apostado en ella que, tras dieciséis años viviendo de la campana, se ha visto despojado de su medio de vida al ser sanado aborda a la pareja cuando la cruzan.

La conversación se presenta mediante una dinámica serie de seis planos rodados cámara en mano siguiendo los pasos de los tres personajes, con el mercado, uno de los espacios esenciales del film, como fondo, intercalando planos más cerrados sobre cada uno de ellos: en primera instancia, de Mandy, que intenta librarse del mendicante, que llamando narizotas a Brian insiste en regatear con este por una limosna. Impasible al desaliento, continúa persiguiendo a la pareja. Brian, atraído por su condición de ex leproso, le interroga sobre quien lo curó. Un nuevo plano, cerrado sobre el rostro en movimiento del mendigo, nos ofrece su respuesta, que, entre quejas, confiesa maldiciendo que Jesús lo sanó. En el mencionado plano, se aprecia el pelo más corto de Palin, así como la pérdida del moreno africano, pues se trata de un plano añadido, rodado siete meses después en Inglaterra, para mejorar el ritmo de la secuencia. De regreso a un plano de conjunto, la cámara sigue el movimiento de ambos, hasta que la autoritaria voz de la madre suena desde fuera de campo para interrumpir la conversación reclamando a su hijo que entre en la casa y arregle su habitación. Así, el último plano, en una elaborada composición, muestra a Mandy en profundidad de campo entrando en su hogar, mientras en primer término hablan Brian y el ex leproso, que se queja del escaso dinero que recibe por la historia que ha contado.

De nuevo, la figura de Jesús se cruza en el camino de Brian con un guiño cómico al espectador cuando el ex leproso reconoce en la frase pronunciada por Brian: "Algunos nunca están contentos", las palabras de Este.

Al final de la escena, en un clásico toque de realismo cómico de los Python, tendentes a jugar con una recreación fidedigna de la época, tal y como hicieran en su anterior película, se hace visible la presencia de un excremento de burro que el ex leproso evita pisar.

5.1.2.4. Trágico descubrimiento de los ancestros romanos 0h. 16′04″

El segundo espacio interior que alberga la acción es una estancia escasamente amueblada, cuya única silla a duras penas acomoda a un corpulento soldado romano que parece algo impaciente. Mandy saluda con cierta incomodidad, cuelga su barba falsa en una suerte de percha y se dirige al soldado para decirle que lo atiende en un instante. Brian, airado, maldiciendo a los romanos, la interroga sobre la presencia del inesperado visitante. En la conversación, con este de fondo, Mandy le desvela que su padre era un romano. Mientras la cámara se cierra en un movimiento de aproximación sobre el rostro de Brian, suena un acorde dramático que puntúa el devastador efecto que le produce esta revelación. La utilización de esta puntuación sonora, ya habitual en su etapa televisiva y también presente en su anterior película, es una de las herencias del *Goon Show* con cuyas emisiones radiofónicas los Python crecieron. Igualmente, cuando Mandy, con mirada soñadora, evoca el recuerdo del supuesto padre, se alude a uno de los más sonados éxitos de los *Carry on Films*, *Cuidado con Cleopatra* (*Carry on Cleo*, Gerald Thomas, 1964), en concreto a la icónica imagen del primer encuentro entre Cleopatra (Amanda Barrie), bañándose en leche de burra, y Marco Antonio satirizada en este film, imagen que los Python, como señala Larsen (2018: 117), incitan al público a recordar con relación a Mandy y Nortius Maximus, el supuesto padre de Brian.

La airada reacción de Brian conlleva una infantil pérdida de control que culmina en la desatada verborrea, con un completo muestrario de sinónimos que hacen referencia a su origen judío. De nuevo, tanto la pueril pérdida de control como el catálogo de expresiones con las que Brian reivindica su condición de judío remiten a la escritura cómica del tándem Cleese y Chapman para el *Flying Circus*. Si bien, como veremos, su orgullo de raza le durará a Brian tan poco como el rechazo a las viandas imperialista romanas de los integrantes del grupo revolucionario al que se unirá en la siguiente escena, pues, en adelante, no vacilará en echar mano de su condición de romano para salvar el pellejo.

Un sonoro portazo nos hace ver que Brian ha abandonado la estancia. Su madre, mientras se lamenta de que solo piensan en el sexo, se arrodilla frente al soldado en una suerte de rutina mecanizada, clara insinuación sobre el modo en el que gana su sustento.

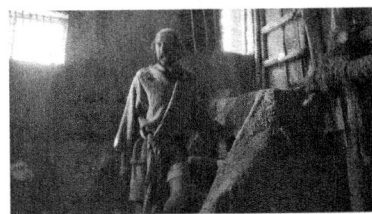 

5.2. Desarrollo: Brian se une a la causa revolucionaria

5.2.1. La revolución gana un adepto

5.2.1.1. El encuentro con el Frente Popular de Judea   `0h. 17'51"`

El sonido diegético de unas marciales trompetas, enmarcadas en un plano en el que la cámara se desplaza morosamente de izquierda a derecha recreándose en su majestuosa longitud, nos da la bienvenida, junto a un cartel que reza *The Colosseum Jerusalem*, a una nueva localización. Por corte, un plano general nos muestra la arena del coliseo plagada de restos humanos, en primer término, un cadáver, cuya cabeza se desprende del cuerpo, está siendo retirado de la arena, mientras aparece sobreimpresionado un nuevo título, "Children's Matinee" (sesión infantil). De fondo, varias mujeres recogen restos de cuerpos desmembrados que depositan en cestas. Una de ellas, en una imagen más cercana, sujeta un brazo ensangrentado de cuya mano trata en vano de quitar un anillo. Tras echar una ojeada a su alrededor, sabiéndose a salvo de miradas reprobatorias, decide esconderlo bajo sus ropajes. Ese violento arranque, en cómico contraste con el título que hace de pórtico, con una estética gore, abunda en un tropo de despedazamiento típico de los Python, así como en un juego similar al de las acotaciones temporales que abrían el film.

En un plano general de las gradas del coliseo escasamente pobladas, escuchamos la voz de Brian, que entra en campo anunciando las viandas que se dedica a vender. Al fondo, apreciamos un grupo al que la cámara comienza a acercarse con un acusado zoom que se interrumpe para fundir con una imagen más cercana de sus integrantes.

Nos encontramos con el grupo de revolucionarios con el que Brian se cruzó camino de la lapidación sumidos en una discusión. Uno de sus miembros, Stan, aboga constantemente por la presencia de la mujer en la revolución, interrumpiendo el flujo de la misma. Stan confiesa ante sus compañeros el motivo por el cual siempre defiende a las mujeres, que no es otro que el hecho de que él mismo quiere ser mujer; en adelante, no solo demanda que se le llame Loretta, sino también manifiesta su deseo de ser madre. Ante semejante callejón sin salida, será Judith, la joven que cautivó a Brian, la que encontrará la solución para acoger la demanda de su nueva compañera, argumentando que se trata de una lucha simbólica, que nadie, ni siquiera los romanos, pueden coartar los deseos de Loretta.

La presentación del grupo incide en la naturaleza de su verdadero talento, mostrado en un largo plano en el que la improductiva discusión y la huera planificación se constituyen así mismo en fiel reflejo de la realidad de su tiempo: por un lado, la confusión de los revolucionarios con respecto a las siglas que designan a la propia facción que integran, reflejo cómico de la terrorífica sopa de letras en la que se ha convertido la política de los años setenta; por otro, la ironía sobre el pujante movimiento feminista. Es igualmente reseñable la flexibilidad de los principios de los integrantes del grupo, que pasan, del rotundo rechazo de la comida que vende Brian, a adquirirla sin el menor atisbo de duda. Por otro lado, destaca su reacción de temor frente al rechazo frontal a los romanos que Brian manifiesta en voz alta, para acabar siendo aceptado como un nuevo miembro.

La escena está rodada en planos largos, lo que da importancia al diálogo en detrimento de la acción que sucede en la arena, un desigual combate que enfrenta a un hombre semidesnudo, de apariencia débil, con un amenazante gladiador pertrechado con el equipamiento del tradicional "secutor, glaudius" (escudo y armadura), puntuada por la reacción poco entusiasta de la grada. El combate se decantará irónicamente a favor del débil, que en lugar de enfrentarse decide huir, y celebra su triunfo cuando su perseguidor cae víctima de un ataque al corazón. Sometido a un breve cuestionario, admitido tras, simplemente, afirmar que odia mucho a los romanos, Reg, líder del grupo, encomienda una misión a Brian.

5.2.1.2. *Primera acción revolucionaria* `0h. 23' 34"`

Protegido por la noche, Brian avanza a hurtadillas ocultándose vacilante tras una estatua. La música dibuja la creciente tensión que rodea a su clandestina acción, mientras un primer plano de su rostro recoge la desazón que le atenaza. Una imagen más cercana lo muestra ya empuñando el pincel que desliza sobre la superficie de un muro. Desde el lugar que ocupa este muro, un contraplano falseado nos ofrece, momentáneamente, una visión del rostro sudoroso de Brian mientras continúa pintando, para pasar a mostrarnos el grafiti que está realizando.

En un plano general que se mantiene durante veinticinco largos segundos, Brian se afana en su labor, mientras a sus espaldas, con un movimiento deliberadamente moroso, una patrulla romana se le aproxima sigilosamente. La privilegiada posición del espectador le hace ya disfrutar de lo que le viene encima al bisoño revolucionario. De repente, una mano aterriza pesada y ruidosamente en el hombro de Brian. Una breve imagen, muy cerrada sobre su rostro, recoge su expresión de pánico mientras un centurión romano le interroga sobre lo que está escribiendo. Torpe y titubeante, Brian comienza a balbucear excusas. Aferrándolo amenazadoramente, ajeno a la naturaleza de la acción revolucionaria, el centurión se muestra sorprendentemente más interesado en cuestiones gramaticales sobre las que le va interrogando. El grado de violencia con el que reprende a Brian tras sus reiterados errores se va incrementando, al punto de desenvainar su espada para situarla a modo de ultimátum sobre su cuello. Finalmente, le impone un castigo: copiar el texto correctamente cien veces, remarcando que, si no lo ha hecho al amanecer, le cortará las pelotas. Pincel en mano, el bisoño revolucionario se apresta a ello ante la vigilante mirada de dos soldados.

Un fundido anuncia la llegada de un nuevo día. Brian, visiblemente agotado, grita "¡acabado!" en dirección a los soldados, que le advierten de que no lo vuelva a hacer. Mientras desciende de la escalera para contemplar su obra con un atisbo de orgullosa satisfacción, la fachada del palacio se muestra literalmente cubierta en su totalidad con el slogan *Romani ite domun*. Dos piernas que entran en campo y la música anticipan la inquietante aparición una nueva pareja de soldados romanos mientras se aleja aquella que ha vigilado el cumplimiento del castigo.

La arrebatada música marcará el arranque de la frenética persecución, con Brian forzado a huir por un entramado de callejuelas perseguido por los romanos. Súbitamente, una mano tapa su boca y tira de él para ponerlo a salvo de sus perseguidores. Se trata de Judith, sutilmente iluminada y arropada por una dulce música, en un pausado plano cercano de singular belleza, cuya providencial aparición dibuja un abierto contraste, un remanso de paz que pone fin a la huida y la escena. Vemos así una primera imagen de Brian huyendo, situación que se reiterará hasta vertebrar, en cierta medida, el film.

A su vez, la escena destila la quintaesencia del humor británico construido sobre la autoritaria figura del profesor, particularmente personificada en la icónica figura de Will Hays, el sempiterno maestro del cine británico que gozó de gran popularidad durante décadas (Allen, 2006). Igualmente, el modo en el que actúa el centurión obedece a la típica situación cómica que Terry Jones y Michael Palin solían escribir para televisión, en la que los personajes se desviaban de su objetivo esencial perdidos en cuestiones aparentemente nimias.

5.2.1.3. Los comandos bendicen a Brian   `0h. 27'20"`

Un pequeño golpe sonoro nos sitúa en un primer plano de una cuchara de madera que se desplaza por una tela en la que hay pintado un diagrama. La música genera un clima de misterio, mientras una voz va explicando su contenido. Se trata de Francis, que, vestido de negro de pies a cabeza, desgrana el plan consistente en secuestrar a la mujer de Pilato para forzarle a satisfacer las reivindicaciones del grupo. Concluida la exposición, ya en plano general, Francis, mientras se sienta a una mesa presidida por Reg con Loretta a su lado, inquiere ante los revolucionarios sentados frente a esta, atentos a su explicación, si hay alguna pregunta. Uno de ellos, alzando la mano, pregunta cuáles son exactamente las reivindicaciones. Reg expone que se da dos días a Pilato para desmantelar el imperio romano o de lo contrario su mujer será ejecutada. En un plano tomando desde la posición que ocupa Reg, alguien pregunta "¿decapitándola?". Se trata de Matías, el reo que escapó de la lapidación, en cuya casa, una pequeña habitación sombría, el grupo se reúne a conspirar.

Francis, todavía empuñando la cuchara, en un plano de conjunto que muestra tanto a los tres sentados a la mesa como a los comandos que siguen las explicaciones, tercia precisando que la descuartizarán y le enviarán un trozo cada hora. La planificación se cierra sobre estos tres, entre los que destaca la figura de Reg, situado en el centro, que vuelve a tomar la palabra para puntualizar que, si no se pliegan a sus demandas, suya es la responsabilidad y que ellos no se someterán a chantaje. Su intervención es jaleada, en un nuevo plano más abierto, por todos los revolucionarios, que repiten "chantaje no", llevándose el puño derecho a la sien. Reg, secundado por Loretta, insiste en que bastante han soportado a los romanos, que se lo han quitado todo, no solo a ellos y a sus padres, sino también a los padres de sus padres. Loretta se viene arriba insistiendo en esa idea, pero es acallada por Reg, que interroga a los presentes sobre qué han recibido a cambio de los romanos.

La escena continúa con una alternancia de plano contraplano de los dirigentes y el grupo de acólitos una vez que Reg, desafiante, ha formulado esta cuestión. Tras un breve silencio, un revolucionario alza tímidamente la mano, ante el indisimulado disgusto de Reg, y menciona el acueducto; otros se animan a añadir cuestiones que van desde el alcantarillado a la educación o el vino. Esta última suscita el reconocimiento unánime del grupo, cifrado en un murmullo de aprobación al que se suman Francis y Loretta. El montaje intercala imágenes de los revolucionarios, desgranando las aportaciones del imperio, y de Reg, que recoge los logros para volver a la cuestión "¿Pero, qué han hecho los romanos por nosotros?".

Todas las contribuciones que ha realizado el imperio se cerrarán con una última, la paz, apuntada por un revolucionario rápidamente reprendido por el líder, que le hace callar. La repetición que genera el ritmo de este intercambio, de nuevo en una suerte de dinámica escolar, se mueve sistemáticamente desde los discípulos a un plano vertebrador de Reg, cuya impaciencia y frustración van en aumento a medida que recoge cada una de las crecientes aportaciones, para acabar formulando de nuevo la misma pregunta.

De repente, un sonido rompe la tranquilidad de la reunión: unos golpes sordos resuenan en la puerta, y unos primeros compases musicales dibujan un clima de misterio bajo el que todos se disponen a esconderse de modo absurdo, dejando la habitación aparentemente vacía. Una vez pasado el peligro, pues se trata de Brian acompañado por Judith, la habitación comienza a cobrar vida a medida que los revolucionarios abandonan sus ridículos escondites. Todos, a excepción de su líder Reg, que, tras ser reiteradamente reclamado por sus compañeros, finalmente lo abandona ante los golpes de Francis con la cuchara.

Tras la explicación emocionada de Judith sobre cómo Brian ha cumplido su misión y las felicitaciones de todos, este es admitido como nuevo miembro del grupo, cuyo líder reconoce que necesitan activistas como él. A renglón seguido se le advierte de que todos están dispuestos a morir por la causa. La voz de uno de los revolucionarios, situado al fondo de la imagen, se apresta a precisar que todos no. Con frecuencia, estos momentos épicos son objeto de burla mediante la deflación o la desviación que socava su solemnidad.

Brian, acompañado de unos suaves compases musicales, se une solemnemente a la causa. En la línea de las practicas revolucionarias del nutrido número de grupos terroristas que operan en la clandestinidad durante la década, el nuevo adepto recibirá un nuevo nombre como alias subversivo, irónicamente el suyo propio, lo que facilitará que con posterioridad sea reconocido y capturado por los romanos. Integrado ya en el grupo, le hacen participe del plan que comienza a ejecutarse.

Esta escena reviste una importancia medular, pues revela el verdadero talento del grupo revolucionario, limitado a su capacidad para planificar.

5.2.2. La causa gana un verdadero hombre de acción

5.2.2.I. Segunda acción revolucionaria $\qquad$ 0h. 30'42"

El nuevo miembro del grupo, Brian, se ha revelado como un hombre de acción ya enrolado en la siguiente misión, el asalto al palacio de Pilato, en abierto contraste con el líder del grupo, que, irónicamente, como advierte el recién llegado con un elocuente gesto, no tomará parte en ella porque le duele la espalda.

El asalto se nos muestra mediante una imagen nocturna del palacio, un espacio firmemente custodiado por soldados haciendo guardia. La voz en over de uno de los revolucionarios nos va detallando el plan a seguir, al tiempo que una perspectiva más lejana nos revela cómo numerosos trabajadores se afanan en borrar las huellas de la acción de Brian, tratando de restituir el aspecto original de la fachada. La voz traza el recorrido de los comandos mientas estos acceden al intrincado sistema de alcantarillado. El último en hacerlo pregunta a Reg si no los acompaña. Este, mientras permanece a salvo en el exterior, responde con un grito: ¡solidaridad hermano! Tras esta breve interrupción, la voz recupera el pulso del relato acompañándonos en el recorrido que realiza el grupo hasta llegar a la sala de audiencias. Un plano cenital de su interior revela el tapiz erótico que cubre el suelo. Cincel en mano, un comando se abre paso a través de este, precisamente sobre la intimidad de un hombre desnudo manipulada por una figura femenina. Uno a uno, los expedicionarios ingresan en el interior de la estancia al ritmo de una inquietante música entreverada con en el rítmico sonido de un latido que los envuelve como la oscuridad en la que se deslizan clandestinamente.

Un silencio advierte de que algo sucede. Se trata de la presencia de otro grupo revolucionario, Galilea Libre, que ha accedido al palacio con idénticas intenciones. Una enconada disputa estalla entre ambos; Brian trata de poner paz y, por un momento, parece conseguirlo. Es un mero espejismo, la lucha solo se detiene fugazmente cuando se aprecia el sonido de los romanos acercándose, para retomarse de inmediato con mayor virulencia.

Brian, como en otras ocasiones a lo largo del film, se erige en la desesperada voz de la razón, no importan sus denodados esfuerzos, subrayados tanto por la cámara como por su actuación, pues ambas facciones terminan aniquilándose mutuamente. Un par de guardias romanos se aproximan y observan, entre el desinterés y la sorpresa, la lucha fratricida. Brian corre desesperadamente de un lado a otro, incapaz de detener la insensata matanza, mientras los romanos siguen observando con cierta curiosidad, sin voluntad alguna de intervenir, como ya hemos visto, en asuntos que les son ajenos. Tras la batalla fratricida entre comandos, solo queda Brian en pie, envuelto en un breve silencio roto por la inquietante música que señala la presencia intimidadora de los soldados. La imagen funde a negro y retumba un sonoro golpe acompañado de un sonido gutural.

De nuevo podemos rastrear en el fragor de la batalla el influjo de referencias a las enconadas facciones, tanto en el seno de la izquierda como en los sindicatos británicos, satirizadas en la película *Estoy bien*

Jack o en el homenaje al grupo cómico americano *The Three Stooges*, con ese gesto característico de meter el dedo en el ojo. A su vez, en ese modo de pausar la acción, desviar el foco de interés o establecer un juego con una amalgama de referencias artísticas, emerge el trazo de la escritura cómica de la época televisiva del *Flying Circus*.

5.2.2.2. *Detenido y encerrado con Ben* `0h. 34'54"`

Brian, con la cámara fija en su rostro, despierta de una dulce ensoñación que dibuja una plácida sonrisa en su semblante. El plano se abre forzándonos a releer la situación: con grilletes en las muñecas, está siendo llevado a rastras por dos soldados precedidos de un carcelero de intimidatoria apariencia. La música que ha servido de enlace puntuando el movimiento de su cuerpo, junto a los ruidos que se filtran de las celdas vecinas, en un pasillo tan solo iluminado por la luz de unas antorchas, intensifican la tétrica sensación que transmiten las mazmorras.

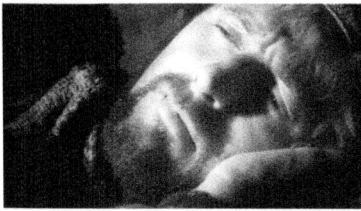

Los soldados lo incorporan para lanzarlo al interior de una oscura celda, donde recibe un salivazo del carcelero, que cierra la puerta tras de sí. Mientras Brian borra la huella del esputo de su rostro, este se ve súbitamente ensombrecido por el miedo tras escuchar una voz que le interpela: "You lucky bastard" (¡qué suerte tienes, bastardo!).

Mediante un plano contrapicado, Brian, aún en el suelo, descubre, a la par que el espectador, la demacrada figura de Ben, un viejo prisionero que se encuentra colgado de las muñecas junto a uno de los muros de la celda. Con un intercambio de planos más cortos y volviendo, en reiteradas ocasiones, a este de conjunto que muestra a ambos, arranca una conversación plagada de referencias a la tortura y la crucifixión, durante la que Ben no puede contener una mirada soñadora que ilumina su rostro al referirse a sus captores. Esta figura, interpretada por Michael Palin, entronca con el naufrago que este encarnaba en el arranque del *Flying Circus*, pero también el particular vinculo que ha desarrollado con los romanos que lo tienen preso nos recuerda al tipificado en 1973 como síndrome de Estocolmo por el psiquiatra Nils Bejerot, muy presente en los medios de la época.

El extraño comportamiento del preso hace que Brian solicite en vano ser trasladado a otra celda. Como única respuesta, recibirá un segundo salivazo, lo que Ben interpreta como una nueva señal de favoritismo. La conversación entre ambos es interrumpida por la llegada de un centurión y dos soldados que anuncian a Brian que Pilato lo reclama ante su presencia. Este inquiere sobre el motivo, y le responden que imaginan que querrá saber en qué postura desea ser crucificado. Ben, admirativamente, celebra la broma del centurión que, de inmediato, le manda callar, mientras este masculla entre dientes "terrorífica raza los romanos".

5.2.2.3. *La primera comparecencia ante Pilato*   `0h. 38' 00"`

Un marcial sonido de trompetas acompaña un movimiento de cámara que nos ofrece una vista panorámica de una enorme estancia, modelada a menor escala, como señala Larsen (2018: 282), a partir de la habitación del trono que se ve en *Ben-Hur*, una de las primeras referencias a las que recurren los Python en su proceso de documentación. El lugar, construido con esmerado rigor histórico, está siendo remodelado ante la atenta mirada de Pilato. Un sonido de pasos fuera de campo inunda la estancia anticipando la llegada de un centurión que precede a Brian, llevado en volandas por dos soldados y presentado como el único superviviente.

Brian eleva la mirada como demandando clemencia hacia el poderoso Pilato. Este desde una posición elevada, manda que lo lancen al suelo. El centurión, incapaz de entender lo que se le ordena, pregunta a Pilato, al tiempo que nos movemos a un plano más corto. El reo, tratando de ayudar al ser interrogado, corrige hasta en dos ocasiones a Pilato, que, ante su manifiesta incapaz para pronunciar la r, no acierta a decir correctamente su nombre, lo que le acarrea ser golpeado por el centurión. No será este el único problema que genere Brian; ante la situación en la que se encuentra, decide reivindicar su condición de romano. Al igual que sus compañeros en el coliseo, que rechazaban la comida imperialista, para adquiridla al instante, Brian, que renegaba de sus ancestros romanos, ahora los invoca. Los principios revolucionaros son reversibles a conveniencia.

El tema del nombre del padre de Brian y del de alguno de los amigos del emperador, particularmente el de Pijus Magnificus, desatará una mal contenida hilaridad entre los soldados, que irán estallando en incontenibles carcajadas. Desde este plano general inicial de situación, la planificación se va cerrando a medida que la tensión va en aumento, principalmente centrada en planos cortos de los rostros de los soldados en dolorosa pugna por contener su risa. Brian aprovecha el desconcierto para escapar pese a los gritos de Pilato que, señalando airadamente fuera de campo, demanda a su guardia pretoriana que lo prenda. Contorsionados, víctimas de un ataque de risa, los soldados se muestran incapaces de acatar la orden. La imagen funde a negro.

5.2.2.4. *Brian escapa de sus captores*　　0h. 42′17″

Dos pies suben aceleradamente una escalera helicoidal acompañados de una arrebatada música. Una imagen en acusado contrapicado nos muestra a Brian que, a la carrera, trepa por la escalera que se eleva en el interior de una torre. En su exterior, un operario trabaja plácidamente en su construcción, sentado en su último escalón, ya sobre el vacío. Distraído por el sonido que provoca la huida de Brian, ve como el martillo que empuña se precipita en este. Desciende en su búsqueda, cruzándose con Brian que asciende desesperado y, paralizado por la sorpresa, no alcanza a avisarle de que la torre está a medio construir. Demasiado tarde, los romanos le siguen de cerca, no hay tiempo para explicaciones. De repente, Brian emerge en la cima de la torre, pierde el paso en el último escalón y se precipita al vacío. La vertiginosa carrera, puntuada con una música in crescendo, se cierra mediante un grito que acompaña a su cuerpo en caída libre.

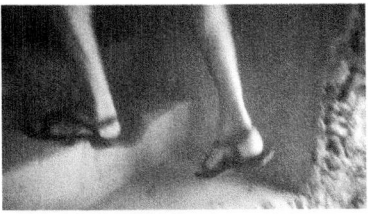

5.2.2.5. Rescatado por la nave espacial   `0h. 42' 55"`

Justo en ese preciso momento, vemos en contrapicado cómo una nave espacial vuela justo debajo suyo. Azarosamente, Brian aterriza en medio de dos extraños seres en el puesto de mando de su cabina. Estos ni tan siquiera tienen tiempo de prestarle atención pues, de inmediato, otro objeto volante, que no se demora en abrir fuego, los persigue. Alejándose entre virajes, la delirante persecución sideral culmina con la aniquilación de la nave rival. Instantes después, alcanzados por fuego enemigo, planean sin control de regreso a la tierra para estrellarse a los pies de la misma torre de la que saltó Brian. Envuelto en una humareda, tambaleante, Brian emerge de entre el amasijo de hierros en el que se ha convertido la nave.

Un personaje, situado a los pies de la torre, que había presenciado el sorprendente rescate tras la caída de Brian, le mira sorprendido y exclama: "You lucky bastard", expresión ya utilizada por su compañero de celda en referencia tanto a su fortuna como a su condición de bastardo que marcan su vida. Brian, por toda respuesta, se encoge de hombros y mira fuera de campo, donde un sonido advierte de la presencia de los romanos. Irónicamente, todo este alucinante viaje a través del hiperespacio lo sitúa a los pies de sus perseguidores y, de nuevo, ha de poner pies en polvorosa.

La escena, presentada bajo un tratamiento sonoro y estético absolutamente diferenciado del resto del relato, supone una abrupta ruptura de su lógica. Como reconocen los miembros del sexteto, en el contexto marcado por el estreno de *La Guerra de las Galaxias*, les apeteció incluir una escena de esa índole (Morgan 1999: 244), extremo que permitió a Terry Gilliam, diseñador de la escena, jugar a ser George Lucas por un tiempo.

5.2.3. Nace un nuevo profeta

5.2.3.1. Aprendiendo el arte del regateo   0h. 44'21"

De nuevo Brian se pierde entre los callejones del zoco buscando dar el esquinazo a los romanos. Abandonamos las oscuras callejuelas para encontrarnos con un primer plano de una extraña figura, cubierta de barro, con rastras en el pelo, que predica enardecido tratando de atraer la atención del público, sujetando un palo en el que porta clavadas dos manos cercenadas de un cuerpo. Una panorámica nos muestra a otros dos profetas que pugnan por captar su propia audiencia, el segundo, de aspecto no menos feroz, totalmente cubierto con una larga túnica granate. A diferencia de estos, el tercero, en el que acaba el movimiento de cámara, vestido con un raído sayal, habla de manera menos elocuente, un tanto monocorde, en las antípodas del entusiasmo y energía de los dos que le anteceden. Entre la multitud, en un plano más corto, vemos a Brian tratando de abrirse paso. En su huida, se halla frente a un grupo de soldados, por lo que resuelve refugiarse en la parada de un tendero al que ya se encontrara de camino a la lapidación.

Acechado por la presencia de los soldados, Brian pretende atropelladamente comprarle una barba postiza. Las prisas que le atenazan
son cómicamente ignoradas por el tendero, que no solo mantiene su
extraña insistencia en que Brian regatee, sino también en que lo haga
correctamente. Las reticencias de Brian a la hora de iniciar el regateo
se ven rápidamente vencidas ante la aparición de un gigantesco e
intimidatorio individuo, Burt, interpretado por John Cage, en su única
presencia que ha sobrevivido al montaje final. Todo ello se nos muestra
en un largo plano fijo de conjunto, que se mantiene durante más de un
minuto, donde se confrontan las actitudes del tendero, empecinado
en regatear a toda costa, y las de un atribulado Brian, deseoso de huir
protegido tras la barba falsa que intenta adquirir.

Acto seguido, será el montaje el que cobre protagonismo mediante el corte a sendos primeros planos: del mercader, aleccionando
a Brian en el arte del regateo, y de este, que mira fuera de campo,
percatándose de la amenazadora presencia de los soldados. El juego
que combina estos primeros planos con un excelente control del
timing, se alarga hasta que el trato se cierra cuando Brian siente la

proximidad de sus perseguidores, y no solo se lanza a regatear con sorprendente destreza, sino también con extrema celeridad. Agradecido, el vendedor regala una calabaza a Brian. Aunque, inicialmente, este rehúsa aceptarla, una nueva aparición del gigantesco Burt le hace cambiar de opinión. Pese a tratarse de un regalo, Brian, generoso, decide que se quede con el cambio a cuenta de esta, a lo que el tendero responde con una nueva tentativa de enredarlo en regatear sobre su precio. Brian, consciente de nuevo de la proximidad de los soldados, escapa a todo correr.

5.2.3.2. Los romanos registran la casa de Matías   `0h. 48'00"`

La cámara en mano accede con un sinuoso movimiento al interior de la casa de Matías, que alberga una reunión clandestina de los revolucionarios. Con Reg a la cabeza, pasan revista al listado de bajas sufridas en su última acción, que cierra el propio Brian. Loretta, a su lado, levanta acta, al tiempo que asiente cuando el líder propone nombrar mártires a los caídos, anticipando la futura condición de Brian. Reg continua en el uso de la palabra con uno de esos pomposos discursos vacuos de los revolucionarios, que encuentran su particular eco en la convulsa sociedad británica de la época. Alertados por el viejo Matías, al que vimos a punto de ser lapidado, todos se aprestan a esconderse con manifiesta torpeza. Se trata de Brian, que, pertrechado de la barba falsa que trabajosamente acaba de adquirir, franquea la puerta sosteniendo la calabaza que se llevó de regalo.

Al instante, un golpe sonoro de apremiante violencia empuja a los revolucionarios, que ha abandonado un instante su escondite, a esfumarse de inmediato. Todos salvo Brian, para el que Matías, solícito, se apresta a buscar escondrijo, indicándole un espacio tras una cortina. Un corte a un plano medio muestra a Brian en el diminuto balcón de la casa, un tambaleante amasijo de maderas, con el miedo dibujado en su rostro. Desde este, mediante un plano subjetivo en acusado picado, apreciamos que la débil estructura se eleva sobre el último de los tres profetas que vimos en el movimiento panorámico que nos daba la bienvenida al zoco.

El viejo abre la puerta, y un centurión, encarnado significativamente por John Cleese, seguido de un nutrido grupo de soldados, le advierte de que tienen noticias de que allí se oculta Brian de Nazaret, integrante del Frente Popular de Judea. Los soldados, con un estrepitoso traqueteo, penetran en la estancia en formación de a dos para proceder al registro. Al finalizar, son educadamente despedidos por Matías, entretanto en animada conversación con el centurión sobre la crucifixión. El viejo cierra la puerta y se vuelve aliviado mientras comienzan a emerger las distintas figuras de sus insólitos escondites. Brian pasa de ser considerado un mártir por sus correligionarios a ser vilipendiado tras atraer a la quinta legión a su guarida. Un impetuoso golpe en la puerta hace que, raudamente, los revolucionarios se escondan. Brian, de mala gana, se retira en dirección al balcón, que se quiebra en un ruido quejumbroso bajo su peso. Los romanos regresan porque, al parecer, hay un sitio en el que no han buscado. Mientras continua la conversación entre Matías y el centurión, se presenta un soldado que, tras anunciar que ha encontrado una cuchara, recibe las felicitaciones de este.

La naturaleza cómica de la escena obedece en gran medida al modo preciso en que se repite su patrón rítmico, puntuado cadenciosamente mediante la utilización del sonido. La comedia aflora mayoritariamente cuando esta estructura convulsiona en una rutina que se ve alterada agitándose hacia un ritmo exacerbado, poniendo en primer término su carácter irreal. Así, la postrera llegada de los romanos viene precedida del absurdo lamento de Matías que, mientras se dirige a la puerta, les afea el no haberles dado tiempo a esconderse. Un brusco corte, puntuado con un violento estallido sonoro, nos devuelve al exterior de la vivienda. Inevitablemente, entre las idas y venidas de los romanos, el balcón termina por colapsar, de tal suerte que Brian cae al vacío, aterrizando sobre el profeta aburrido al que lanza limpiamente en vuelo al interior de una tinaja. El público que rodeaba a este, sorprendido, aplaude jubiloso tan espectacular puesta en escena.

5.2.3.3. Brian el profeta

Oh. 52'16"

Brian lanza una mirada a su alrededor, que revela la presencia de un soldado romano justo a los pies del estrado en el que ha ido a aterrizar. Mediante un primer plano, vemos como este, con apremiante actitud inquisidora, no le quita ojo. La cámara regresa al rostro de Brian que, nervioso, echa una ojeada a derecha e izquierda y advierte que en otros estrados similares al que él ocupa predican varios profetas. Fija la vista de nuevo en el soldado, que en un plano similar al anterior le observa atentamente, y, movido a su vez por las expectantes miradas de su público, parece finalmente entender lo que se espera de él. Tras un instante de vacilación, se lanza con su improvisada prédica.

Un juego de plano contraplano en picado y contrapicado muestra la relación que se establece entre el nuevo profeta y el auditorio situado a sus pies, del que sobresale, dada su altura, John Cleese. Brian se alza sobre el centro de la tarima en equilibrada composición, enmarcado entre la lanza del soldado y un pedigüeño que quiere comprarle la calabaza. Este se la ofrece generosamente, hecho que dispara las reticencias del mendigo, que insiste en regatear. Mientras, Brian trata de conectar con un público que no le acaba de entender, e incluso parece momentáneamente presto a abandonarlo. Justo entonces, Brian se recompone espoleado por la brusca intrusión de la música, que anticipa la intimidatoria llegada de un grupo de soldados. Su voz parece adquirir súbitamente nuevos bríos, mientras estos se detienen a hablar con el soldado situado a sus pies. A medida que ve alejarse el peligro, el tempo de su discurso se atenúa, desde la cadencia atropellada por el miedo, a un ritmo pausado, deliberadamente lento, hasta dejar inacabada una frase, tal como hace el de la música, que desciende hasta meramente puntuar la marcial partida de los romanos. Mientras Brian va desgranando lentamente las tres últimas palabras, cada una de ellas se alterna con un primer plano de tres de sus seguidores, que escuchan, ahora sí, la mirada fija en Brian, con verdadera atención.

Mientras se alejan los soldados y su voz languidece, se incrementa la excitación del público, que se muestra deseoso de conocer qué iba a decir. Brian suspira aliviado y desciende de su improvisado púlpito para seguir su camino. Sin embargo, pronto se ve rodeado por una masa de seguidores que, aguijoneados por la curiosidad, mientras fabulan sobre qué ha querido decir, no están dispuestos a dejarle marchar sin obtener una respuesta. Brian se ve atrapado, envuelto en una creciente multitud que presa de la impaciencia comienza a zarandearlo.

5.2.3.4. ¡Nos ha dado una señal, su zapato! 0h. 55'20''

En abierto contraste con la rápida sucesión de planos cortos que cerraba la anterior escena, un largo plano general, rodado cámara en mano mediante un movimiento de retroceso que se prolonga más de veinte segundos, sigue el penoso avance de Brian rodeado por la multitud, para detenerse justo en el instante en el que, aprovechando un momento de distracción, este consigue escapar saliendo de campo, mientras, en el mismo plano, sus seguidores observan la calabaza que portaba Brian, sujetada con veneración por una mujer que proclama "Esta es su calabaza, la llevaremos por ti maestro", elevándola al cielo, hacia el que, igualmente, se proyecta la música con los coros, al tiempo que, inquisitivamente, repite "¿maestro?", buscándolo en todas direcciones. La voz de uno de los seguidores se alza entre el gentío, aseverando que ha subido al cielo, y eleva hacia allí su mirada. Parece que "el maestro" se ha esfumado. La muchedumbre, al constatar perpleja la desaparición de Brian, alza la vista al cielo. De entre el gentío, destaca de nuevo la figura de John Cleese que, señalando fuera de campo, exclama "Está allí". De inmediato, todos se precipitan en esa dirección. En un plano perfectamente compuesto y equilibrado, Brian corre desesperado para alejarse de la ciudad, aunque momentáneamente echa la vista atrás, entrando en campo. Al tiempo que este lo abandona, entra la turba de seguidores, que, llevados en volandas por la música, alzan los puños al cielo en cuya dirección se elevan los coros.

El montaje alterna imágenes de Brian y sus seguidores, hacia los que, angustiado, se vuelve en dos ocasiones, intercalando silencios con momentos de gran intensidad sonora. La música cobra mayor brío con la aparición de la turba a la que parece espolear. Consciente de su proximidad, Brian vuelve atrás la mirada presa de la desesperación y trata de acelerar el paso. Pierde una sandalia. Vacila. Hace ademán de regresar a recogerla, pero parece disuadido por lo que ve fuera de campo.

La sandalia, en primer término, domina un plano en acusado contrapicado que nos la muestra en toda su magnitud. Tras ella, en segundo término, vemos cómo se van acercando lo seguidores de Brian. Uno de ellos se detiene frente a ella e, interpretándola como una señal, la toma en su mano. De inmediato comienzan a surgir disensiones entre los seguidores, que se materializan en la formación de distintas facciones contrapuestas: por un lado, aquellos que, sandalia en mano, invocan al maestro; por otro, aquellos que llaman a seguir a su calabaza, aunque entre ellos también surgen desavenencias. En medio, ocasionalmente zarandeado por unos y otros que salen de campo en direcciones opuestas, una figura eleva los brazos al cielo demandando que se detengan y recapitulen. Se trata de Spike Milligan, cómico fuente de inspiración del grupo. Spike fracasa en su demanda y, mirando alrededor, asume que se ha quedado solo, por lo que lentamente abandona también el largo plano, que queda vacío.

La cámara, en un movimiento de retroceso, nos lleva de regreso a Brian siguiendo su desesperada huida por el desierto, enmarcado entre olivos, en una imagen marcadamente desequilibrada como su propia carrera, en la que avanza tambaleante volviendo la vista atrás. La música y la acción se sitúan en dos planos cómicamente contradictorios: frente a la majestuosa verticalidad orquestal, la tambaleante horizontalidad de la escapada.

5.2.3.5. *El encuentro con el asceta Simón* `0h. 58' 00"`

La alternancia clásica de planos entre perseguidores y perseguido alcanza una pausa cuando Brian, al detenerse exhausto a recuperar el resuello y buscar una salida, descubre un agujero habitado por un místico eremita en posición meditativa, con sus largas barbas como único ropaje, que lleva años observando un disciplinado silencio. Este, emitiendo una suerte de gruñido y mascullando entre dientes, rehúsa contestar a las preguntas de Brian sobre la existencia de un camino alternativo; mientras, la turba se está aproximando peligrosamente. Brian, desesperado al sentir tan cercana su amenazadora presencia, opta por saltar al interior del hoyo con la intención de no ser visto, aterrizando justo en el pie del eremita que, para su disgusto, no puede contener los gritos de dolor. Brian intenta en vano que el eremita prolongue su silencio tan solo un instante más, pero este comienza a saltar y cantar entonado a voz en grito el Hava Nagila (canción popular cuyo título significa *Alegrémonos*, usada en celebraciones por las comunidades judías seculares y las gitanas).

Revelada su presencia, los enardecidos seguidores se lazan en pos de Brian sedientos de escuchar sus palabras. En un reverso de la situación vivida en la escena anterior, Brian pugna por liberarse de la masa de fanáticos que portan con veneración los objetos que han estado en contacto con él. Ya no hay posible escapatoria para Brian: lo que él dice, lo que hace, incluso lo que no hace, todo es interpretado por estos como un signo revestido de un carácter extraordinario, y, pese a su pertinaz rechazo, es elevado a la categoría de maestro.

La confrontación con los seguidores, al igual que la persecución previa, se articula en un juego que alterna planos de ambos: Brian visto en picado dentro del agujero al que se ha lanzado; desde su posición, en contrapicado, la masa de fieles que lo idolatra e interpreta como milagrosos los gestos del maestro. Un hombre lanza su bastón al aire afirmando que era ciego y ya ve, para, acto seguido, caer al agujero en el que está Brian, que termina por enviar a sus adeptos al carajo, pero estos, impasibles al desaliento, no se demoran en preguntarle cómo han de irse al carajo.

La secuencia encapsula una de las claves del film: los Python querían centrarse en aquello que era gracioso, y lo gracioso no es lo que dice Jesús, sino el modo en el que la gente lo malinterpreta y cómo las distintas interpretaciones generan facciones ferozmente contrapuestas, a imagen y semejanza de las que coexisten en la realidad política británica.

El fanatismo, ardoroso como la música que lo acompaña, acaba por desatar un estallido de violencia. La turba ha dictado sentencia, y su líder, John Cleese, cataloga de infiel al ermitaño condenándolo. Brian tan solo puede observar desesperanzado cómo se alejan llevándolo a cuestas. Cuando se queda solo, la música anticipa la aparición de Judith, que se hace presente en plano mediante un movimiento de retroceso de la cámara.

Funde a negro.

5.2.4. Tras la noche con Judith, el profeta habla a la multitud que le sigue

5.2.4.I.   Sois todos individuos

`1h. 02' 36"`

Tras una elipsis, rompe un nuevo día mediante un plano general, breve e inusual exposición de los típicos clichés que dibujan la llegada del alba, preámbulo de un primerísimo primer plano de Brian con su rostro iluminado por una placentera sonrisa que se mece al son de la música. Una ligera corrección de la posición de la cámara desvela que Judith aun duerme, recostada sobre él; su mano descansa en el hombro de Brian que, con sumo cuidado, se dispone a retirarla. Un corte nos lo muestra desde el exterior de la estancia en la que yace Judith. Incorporándose, camina hacia la ventana frente a la que se detiene exhibiendo su absoluta desnudez mientras se despereza, abre los postigos y dobla sus brazos hacia atrás para estirarse. Por corte, desde un ángulo inverso, en plano frontal, Brian, totalmente desnudo, baja la vista, horrorizado. Desde su posición, descubrimos el motivo mediante un plano en picado subjetivo que magnifica a la multitud congregada, para su disgusto, bajo el balcón de su casa aclamándole: "Mirad, el elegido se ha despertado".

La embriagadora atmósfera de tranquilidad y las expectativas de una acogedora privacidad que envolvían a Brian tras despertarse en una situación intima con Judith se han esfumado al abrir la ventana, ante la atronadora presencia de una multitud de fanáticos seguidores. El abrupto contraste entre la intimidad inicial y el súbito caos deviene en una sorpresa cómica. La música se detiene, el ambiente idílico se torna amenazador, algo que registra un primer plano sobre el rostro de Brian que, espantado, ha cerrado la ventana, justo en el momento en el que llaman a la puerta y escuchamos la voz de su madre aproximándose. Brian, angustiado, se viste rápidamente y corre una cortina con intención de ocultar a Judith. Mandy, enfadada, inquiere sobre la presencia de la multitud. Brian se defiende diciendo que empezaron a seguirle ayer. Ella, asomándose al exterior, se dispone a solucionar el tema.

Como la multitud no atiende a razones, Mandy regresa al interior de la vivienda y retoma el interrogatorio a su hijo, al que comienza a abofetear hasta que es interrumpida por una voz fuera de campo hacia la que ambos vuelven la vista. Un plano general nos desvela la presencia de Judith totalmente desnuda. Mediante un corte, Mandy contempla fijamente su cuerpo durante diez largos segundos, bajando lentamente la vista en dirección a su sexo, en el que ancla la mirada, para, dirigiéndose a Brian, en un plano corto que se cierra sobre ambos, interrogarlo acerca de la identidad de esta mujer y volver a golpearlo. Judith corre a protegerlo interponiéndose entre Brian y su madre que, desesperada, arremangándose, se dispone a salir al balcón para zanjar la cuestión. La multitud, a su vez, se interesa por la identidad de Mandy que, movida por las adulaciones y las protestas, cede, adviniéndose a que su hijo salga, un minuto, ni un segundo más.

Brian, obligado por su madre, acepta a regañadientes dirigirse a sus seguidores. Recibido con vítores como el Mesías, acalla a la multitud para señalarles lo equivocados que están, lo innecesario de los líderes, aseverando que todos son individuos, a lo que todos responden al unísono, y que han de pensar por sí mismos, a lo que, análogamente, responden repitiendo a una sola voz sus palabras. Mientras trata de convencerlos de que no deben permitir que nadie les diga lo que tienen que hacer, irónicamente, su madre le toma de la oreja y lo arrastra al interior, fuera del campo de visión de la turba, que se queja de que no se ha completado el minuto prometido y entabla una nuevo dialogo absurdo con esta.

El encuentro con Judith es el único momento de pausa en todo el proceso de huida en el que se halla atrapado Brian, un remanso de paz en el que ambos comparten la noche que preludia su fatídico final. De una manera similar a la que encontramos en clásicos de la década anterior, como *Dos hombres y un destino* (*Butch Cassidy and the Sundance Kid*, George Roy Hill, 1969) o *Bonnie y Clyde* (*Bonnie and Clyde*, Arthur Penn, 1967), es una breve pausa que presagia el inminente desenlace trágico. Por otro lado, el desnudo frontal integral de Graham Chapman, absolutamente excepcional en la década de los setenta, generaría problemas de cara a la distribución del film.

5.2.4.2. *Detenido de nuevo*

1h. 04' 50"

Brian, en plano medio contrapicado, abre una puerta, pero, tan pronto asoma su cuerpo, entra en campo el sonido del gentío que se agolpa en el espacio al que accede. Desde su punto de vista, un corte nos muestra en plano general picado a la multitud, donde destaca por su altura la figura de Reg, que alzando la mano le saluda con un "Buenos días Salvador", mientras este entra en campo por el lado izquierdo del encuadre. El intenso sol de la mañana ilumina a Brian en su lento descenso, jaleado por la multitud que, de forma asfixiante, le rodea haciendo que, fugazmente, desaparezca de nuestro campo de visión. Los miembros del grupo revolucionario le abren paso bregando para ordenar semejante caos, dividiendo en grupos y organizando colas, en la más pura tradición anglosajona, entre aquellos que se agolpan demandando el favor del Mesías. Reg mira fuera de campo mientras se esfuerza tratando de presentarle a un tal Mr. Papadopoulos, interpretado por George Harrison.

Una vista desde el exterior nos muestra que Brian ha conseguido abandonar la estancia cerrando con alivio la puerta tras de sí. Un plano nos devuelve brevemente a esta, en la que Reg y sus acólitos pugnan por mantener el orden. De regreso a Brian, este, sentado a los pies de una escalera, mira en dirección al lugar que ha dejado atrás, cuyo caótico paisaje sonoro todavía entra en campo. Un zoom aproxima lentamente la imagen hasta que lo vemos, abatido, los puños cerrados sobre los que descansa su rostro, sumido en sus pensamientos. Al escuchar su nombre, vuelve la vista. Judith, entusiasmada, en apresurado descenso por las escaleras, se precipita en plano general a su encuentro y, al llegar a su altura, en tono admirativo exclama "Brian, estuviste fantástico". Este, meloso, como la música que baña la secuencia subiendo lentamente de intensidad, le replica que ella tampoco estuvo mal.

Sin embargo, un nuevo malentendido se teje en ese clima romántico, presto a fracturarlo mediante el juego con un doble sentido de carácter sexual típico de la comedia británica. Brian tiene en mente la noche que han pasado juntos, mencionándole embelesado lo atractiva que es. Pero, Judith solo piensa en sus palabras, en el modo en el que Reg les ha estado dominando y en cómo la revolución está en sus manos. La música se detiene súbitamente cuando Brian, desesperado, alza la voz negando que fuera eso lo que él pretendía decir. Un golpe sonoro propicia un corte, y la pesada mano de un centurión romano que ya nos resulta familiar cae ruidosamente sobre el hombro de Brian. Rodeando por los soldados, Brian es apresado. Judith, en una coda cómica, trata fútilmente de salir en su defensa, golpeando por la espalda al centurión, primero con una mano, para pasar a hacerlo, de forma reiterada e insistente, a dos manos, hasta que salta para golpearlo sonoramente en el casco. El centurión, se gira y le lanza una breve mirada de reproche que rubrica con un mero: "Stop it".

5.2.4.3. Segunda comparecencia ante Pilato, secundado por Pijus

1h. 09'47"

Sobre un primer plano del rostro de Brian, un pie entra en campo para contactar con este, que se congestiona en un gesto de dolor. Le vemos caer al suelo en un plano general que nos ubica en su segunda comparecencia ante Pilato, cuya flamante autoridad, resaltada por el vestuario y la posición en picado de la cámara, se ve socavada por sus problemas de dicción. Brian los pone de manifiesto, incapaz de entenderlo, y recibe una nueva patada. El gobernador le advierte ufano de que su destino va a ser completar la cifra de los ciento treinta y nueve que van a ser crucificados para celebrar la pascua, mientras mira fuera de campo dirigiéndose a su amigo Pijus que lo acompaña. Los dos próceres se ven interrumpidos con la llegada de un centurión que trata de solicitar permiso para dispersar a la chusma. Pilato, deseoso de exhibir su poder ante la presencia de su amigo, se lo niega. La presentación de este se ha demorado hábilmente. En el momento en que hace uso de la palabra, la acción se pausa repentinamente para detenerse en el rostro del centurión, sorprendido al advertir en Pijus también un problema de dicción. Pilato ordena que se lleven a Brian que, en vano, insiste en su condición de romano. En plano medio, ante la desesperada mirada del centurión que se resignará a seguirlos, Pilato, secundado por Pijus, sale resuelto de campo.

5.2.4.4. Los comandos adoptan una nueva resolución   1h. 11'01"

Un corte nos lleva a casa de Matías al que vemos de fondo. En primer término, Reg, Francis y Loretta, reunidos con otros dos revolucionarios, se encuentran sumidos en una de sus improductivas discusiones. Mientras desgranan sus delirantes planes, destacan reiteradamente la importancia de la acción en detrimento de la palabra, rechazando las charlas ociosas como una pérdida de tiempo. Tras un violento ruido, irrumpe Judith para anunciar, en primer plano, la detención de Brian. De vuelta a un plano general con esta en segundo término, los revolucionarios adoptan por toda respuesta una nueva resolución que ha de ser votada. Judith, desesperada, demanda una acción rápida, y acaba por soltar un grito y salir atropelladamente de campo. La reacción de Judith provoca el comentario mordaz sobre las feministas de Reg, que se disculpa de inmediato ante la presencia de Loretta.

5.2.4.5. ¿Crucifixión? Saliendo por esta puerta, la fila de la izquierda, una cruz por persona

`1h. 11'15"`

Desde un plano cerrado sobre unos pies encadenados que se arrastran pesadamente bajo el ritmo de una siniestra música y el tintineo de grilletes, la cámara, en movimiento ascendente, nos revela que pertenecen a Brian, que, de regreso a las oscuras mazmorras en una formación de siete presos que avanza fatigosamente, espera su turno. Por corte, un luminoso plano medio encuadra a Nissus, un soldado romano de resplandeciente sonrisa, que con inusitada amabilidad pregunta a los reos «¿Crucifixión?», para indicarles delicadamente que, al salir de la puerta, en la fila de la izquierda, les espera una cruz por persona. Esta letanía se repite en dos ocasiones, contrastando abiertamente la afectuosa actitud del soldado con los desencajados rostros de los reos. El siguiente condenado, Mr. Cheeky, cuyo semblante ya destacaba del resto en el plano anterior por su talante y pulcritud, se hace más claramente visible. Este, sorprendiendo al soldado y al carcelero que aparece en segundo término, afirma que ha de ser liberado para irse a vivir en una isla. Al instante, reconoce, para alivio de ambos, que era una simple broma, repitiendo él mismo las indicaciones ya referidas. Tras la sorprendente disonancia cómica que quiebra momentáneamente el acompasado ritmo, este se retoma puntuado por las cadenciosas pausas del soldado que, risueño y con exquisita delicadeza, pregunta al siguiente reo «¿Crucifixión?». Este, a diferencia de su antecesor, sin acertar a levantar la cabeza, responde con un quedo sí.

5.2.4.6. El parlamento de Pilato

1h. 13'57"

El marcial sonido de tres imponentes tubas elevadas por tres hombres nos devuelve al palacio de Pilato que, seguido de su comitiva, se asoma a la terraza desde la que domina una abarrotada plaza. En plano medio, realiza un pomposo gesto elevando los brazos al cielo, antes de disponerse a hablar para anunciar la tradicional liberación de un preso cuya elección recae en la plebe. El montaje intercala planos de este y la multitud, que se burla de su defecto de dicción inventado nombres de condenados que comienzan con la r. Las contagiosas risas, que tienen también su eco en los soldados que lo custodian, acaban por impacientarlo. Pilato, inquisitivo, en un intercambio de primeros planos, se vuelve para preguntar "¿de qué se ríen?" al centurión, que trata de quitar importancia al asunto negando que él sea el objeto de mofa, para atribuirlo a algún chiste judío.

Ante las risas, que lejos de amainar van en aumento, Pijus se dispone a salir al rescate, y toma decidido el listado de presos que, para escarnio de este, resulta hecho a medida para poner de manifiesto sus problemas de dicción, jaleados fuera de campo por la plebe.

5.2.4.7. *El carcelero y su ayudante*   1h. 16′36″

De regreso a las mazamorras, un primer plano de Nissus, con su sempiterna sonrisa, se va abriendo lentamente mientras entra en campo un reo, amablemente atendido con las consabidas preguntas e indicaciones, cuya salida de campo propicia la entrada de Brian que, educadamente, reclama que ha habido un error. Justo en este instante, Nissus se disculpa, para preguntar al carcelero, que es incapaz de entenderle, cuántos han pasado ya. Su ayudante se apresta a echar una mano, aunque, lastrado también por problemas de dicción, le cuesta explicarse. La imagen se ha cerrado sobre los tres. Brian desaparece de campo, para volver a regresar instantes después inquiriendo si puede hablar con alguien. Entre entradas y salidas de plano, a las que se suman las interrupciones de Mr. Cheeky que, mientras se queja de la falta de sentido del humor de los romanos, acaba siendo empujando de malos modos por un soldado, Brian apela en vano a su condición de romano. De nada le sirve y sale de campo, afectuosamente despachado por Nissus que, disculpándose porque anda con prisa, le despide con las indicaciones habituales: "Todo recto, a la izquierda, una cruz por persona".

5.2.4.8. La multitud se burla del parlamento de Pijus   `1h. 18'38"`

Regresamos a un plano general de la multitud, literalmente por el suelo, frente al palacio del Pilato. Un corte nos lleva a un plano de Pijus, acompañado por este, observando sorprendido, seguido de un nuevo plano general picado de la multitud revolcándose de risa. De vuelta a ambos, Pilato, molesto, alza la voz reclamando silencio. Consigue acallar a la multitud tan solo un instante porque, tan pronto comienza a hablar exigiendo respeto para su amigo que lidera la cuarta legión, se produce un nuevo estallido de risa.

5.3. Desenlace: Camino del calvario

5.3.I. Brian afronta su destino en la cruz

5.3.I.I. El grupo de los que cargan con la cruz `1h. 19'11"`

En primer plano, Nissus se aclara la voz para comenzar a hablar cálidamente, con esa puesta en escena de amable azafata. Una imagen en plano general nos muestra al grupo, ya en el exterior, resignados con las cruces al hombro. De vuelta a Nissus, este les da la bienvenida. La cámara se desplaza con él cuando se dispone a organizar el desfile de los que van a ser crucificados recorriendo el grupo hasta situarse al frente del mismo, mientras, con su característica afabilidad, se prodiga en delicadas indicaciones tendentes a conseguir un espectáculo lo más lucido posible. Termina dando la vez a un rudo centurión que se despacha bruscamente con estos, para incomodidad de un cariacontecido Nissus recogida en un breve plano. En una imagen frontal, bajo las marciales indicaciones del centurión, el grupo echa andar al tiempo que lo hace la música. La cámara retrocede para seguir su penoso avance, al tiempo que se cuela en plano un grito. Un breve corte nos revela que se trata de Ben, visible por el ventanuco enrejado de su celda colgado boca abajo, que maldice con envidia la suerte de los condenados que desfilan frente a él. Un nuevo corte nos muestra, en acusado picado, el trabajoso avance de la comitiva escalando una pendiente. Brian, en el centro del plano cargado con su pesada cruz, desfila precedido por el centurión frente a un samaritano que lo contempla con aire compungido hasta que sale de campo. El samaritano se dirige al siguiente de los reos ofreciéndose a aliviar su carga, lo que este aprovecha para escapar. La buena acción le condena a cargar con su cruz, para regocijo de Mr. Cheeky, que camina tras él, en un reverso de un conocido pasaje bíblico, presente a su vez en títulos como *Ben-Hur* o *Rey de Reyes*, en el que un hombre llamado Simón es forzado a cargar con la cruz de Jesús.

5.3.1.2. *Pilato da una nueva oportunidad a la turba* `1h. 20' 26"`

Pilato, desplazándose en primer plano con gesto adusto, ofrece una última oportunidad a la plebe, no sin antes, flanqueado en plano general por el centurión y su amigo Pijus, prevenirles de que omitan esos nombres que han ido inventando. Un corte nos muestra, en una imagen en contrapicado, la llegada de Judith, que se abre paso entre la multitud para reclamar a voz en grito la liberación de Brian. Su demanda encuentra eco de inmediato en la masa que, en un plano general y entre risas, corea con entusiasmo el nombre de Brian elevando la vista en dirección a Pilato. Un primer plano de este lo muestra dispuesto a dar por zanjado el tema, pero es detenido por el centurión, que le advierte de que sí tienen a alguien con ese nombre. Pilato lo manda en su búsqueda para, mediante un corte, alzar los brazos en primer plano en un gesto teatralmente grandilocuente, similar al que veíamos al inicio de su parlamento, proclamando la liberación de Brian.

Un vigoroso golpe musical nos lleva en abrupto corte a un plano general. En primer término, el rostro de Brian convulsionado bajo el doloroso peso de la cruz, que a duras penas lleva a cuestas hasta salir de campo. Tras él, Mr. Cheeky, con su cháchara habitual, saca de quicio a un centurión, que termina propinándole un golpe.

5.3.2. Las fallidas tentativas de rescate y el modo de afrontar el aciago destino

5.3.2.1. El centurión indaga sobre el paradero de Brian   **1h. 21′34″**

Un violento golpe sonoro nos lleva a una puerta que se abre bruscamente para dejar ver el rostro del centurión, en primer plano, atisbando fuera de campo dispuesto a indagar sobre el paradero de Brian. Un corte nos revela la presencia del carcelero y su ayudante mirando fuera de campo hacia el lugar por el que aparece este para interrogarles. Tras más de medio minuto, que constituye una infructuosa tentativa de mantener una comunicación efectiva, el centurión termina desistiendo y se retira airadamente. Tras seguirlo momentáneamente con la mirada, los dos personajes retoman su conversación, sin rastro alguno de los problemas de dicción que han vetado toda posibilidad de entendimiento.

Un nuevo golpe sonoro propicia un corte a una mano que, en primer plano, cae pesadamente sobre una mesa. La cámara se eleva bruscamente para mostrarnos que pertenece a Reg. En un plano de conjunto, reunido en pleno con sus camaradas revolucionarios, toma la palabra y propone, por unanimidad, con una abstención, seguir adelante. Prestos a la acción, se levantan y salen de campo.

En un plano general primorosamente compuesto, vemos en primer término a un trabajador encaramado a una escalera que trata de desligar de una cruz un cadáver disecado; en segundo término, entre este y las puertas de la ciudad, asistimos al penoso avance de la comitiva de reos empujada por la música. Mientras esta va adquiriendo mayor vigor, el trabajador desatiende momentáneamente su labor para mirar en dirección al grupo, que continua su marcha. Un intenso golpe sonoro propicia un corte. En primer plano, Brian carga con la cruz, con el agotamiento y la desesperación prendidos en su mirada. Desde esta, un nebuloso plano subjetivo en tambaleante desequilibrio dibuja el paisaje de una cima poblada de cruces.

El montaje nos sitúa en las antípodas de la anterior imagen vacilante. Desde esta, enlazamos con la vigorosa verticalidad puntuada por la música que marca el marcial avance de los soldados romanos, presididos por la gallarda figura del centurión que interpreta Cleese, abriéndose paso entre el gentío sin miramiento alguno.

En un plano corto, Brian, literalmente aplastado bajo el peso de la cruz, eleva el rostro y la mirada fuera de campo. En plano general, vemos cómo alzan una cruz tirada por dos cuerdas. Entre el tétrico panorama

de cruces, van emergiendo algunos de los personajes que asistían al sermón de la montaña, que no se demoran en enzarzarse en una discusión
con el centurión que los custodia. La disputa, centrada en la presencia
de algunos no judíos entre los crucificados, es zanjada por el centurión
al solicitar a los que ya están amarrados al madero que el que esté disconforme lo manifieste a mano alzada. Los siguientes que esperan la
misma suerte son el buen samaritano, que pregunta si le dejarán bajar
cuando llegue el verdadero propietario de la cruz, y Brian. Este intenta
infructuosamente convencer al centurión a cargo de que no tienen que
obedecer órdenes. El centurión replica que a él le gustan las órdenes.

Tras un corte vemos avanzar, con pomposa verticalidad marcada por
la cadencia de la música, al grupo de revolucionarios que veíamos reunidos, con Reg, la solemnidad escrita en su rostro, a la cabeza, hasta salir
de campo, avance que claramente recuerda al del grupo de sindicalistas
en *Estoy bien Jack*. De nuevo mediante corte, contemplamos un primer
plano del rostro de Brian, congestionado por el dolor, que desborda el
encuadre. Dos planos de detalle muestran cómo sus manos están siendo fijadas al madero, antes de regresar a la angustiada expresión de su
semblante, que, de nuevo en un montaje alterno, nos devuelve al progreso de la decidida formación del Frente Popular de Judea. La siguiente
imagen de Brian, con la desesperación inscrita en su mirada, su cruz ya
fijada en el suelo recortada sobre el cielo, pronto contrastará con la del
reo que lo acompaña. A su lado, Mr. Cheeky no se demora en afirmar que
no se está mal ahí arriba y que a mucha gente la rescatan.

5.3.2.2. El Frente Popular de Judea rinde tributo a Brian `1h. 24' 54"`

Mr. Cheeky, en la cruz vecina a la de Brian, exhibiendo su actitud jovial que se contrapone a la de este, vuelve hacia él la mirada y le advierte de que su familia se aproxima. La inicial alegría de Brian queda rápidamente empañada por la advertencia de Reg de que no acuden en misión de rescate. Mediante una alternancia de planos, se muestra a Brian consumiéndose en su desesperación frente al inoperante grupo de revolucionarios, reiteradamente parapetados en su huera liturgia parlamentaria, sometiendo a votación una enésima resolución que culmina en la nada. Las esperanzas de ser salvado se confrontan con un homenaje que se clausura, tras la lectura de un manifiesto cuidadosamente elaborado, con el grupo entonando "porque es un muchacho excelente…". Si el manifestó sirve para recoger hilos de la trama, igualmente, en una suerte de *running gag*, Loretta se deja llevar por el entusiasmo y continúa con la canción cuando sus correligionarios ya la han dado por concluida. El montaje nos devuelve a un breve plano de Brian que, abatido, estalla impotente en un grito: "You bastards".

5.3.2.3. Los soldados y el pelotón suicida

`1h. 26'33"`

En plano general, mientras los miembros del grupo aún aplauden antes de batirse en retirada, llega un centurión romano que inquiere sobre el paradero de Brian de Nazaret. Durante un breve instante coinciden en plano dos personajes interpretados por Cleese, por lo que se requirió la utilización de un doble para hacer de Reg, que se vuelve rápidamente cuando este se aproxima. La imagen se centra en el centurión, que se sitúa a los pies de los crucificados anunciando que trae orden de liberarlo, mientras Brian, ajeno a su presencia, continúa sumido en sus lamentaciones. Mr. Cheeky, con ese aire juguetón que lo caracteriza, decide afirmar que él es Brian de Nazaret.

La airada reacción de Brian, volviendo una mirada desesperada a este, se escucha ahogada entre gritos de otros presos que también afirman ser Brian, en un momento que recuerda a *Espartaco* (*Spartacus*, Stanley Kubrick, 1960), clausurado por un último personaje que afirma que él es Brian y también lo es su mujer. Los soldados terminan por liberar a Mr. Cheeky, que ahora trata de disuadirlos en vano, insistiendo en que solo bromeaba. Mientras se lo llevan a rastras entre dos soldados, el verdadero Brian queda con el desaliento inscrito en su semblante.

Un soldado situado a los pies de los crucificados eleva la mirada hacia ellos, para volverla bruscamente al escuchar un sonido fuera de campo. Sobre unas lomas que se alzan en el horizonte comienzan a recortarse una serie de figuras identificadas, con una mueca de pánico por un trabajador que sale huyendo, como el Frente Judaico Popular. El soldado, ante la inminente carga, prorrumpe en un "¡Sálvese quien pueda!", provocando una desbanda en dirección a las puertas de la ciudad. Brian, sonríe en la cruz, si bien su sonrisa se agría de nuevo cuando Otto, el líder del grupo, anuncia que son una "brigada suicida".

Una nueva tentativa dilata ese horizonte de expectativas para culminar en la nada, frente a la incredulidad de un frustrado Brian que observa cómo, acompañados de un redoble musical, se quitan la vida.

5.3.2.4. Judith y Mandy

1h. 28' 16"

Mientras Brian, en plano corto, maldice en la cruz presa del desaliento, desde fuera de campo, como un necesitado atisbo de esperanza, la voz de Judith invade el plano, pronunciando su nombre acompañado de las notas musicales que anticipan su llegada, preludio de la melodía que la arropa en su carrera mientras se aproxima, vista en contrapicado desde el lugar que ocupa Brian. Ya a su lado, tras decirle que es genial, que Reg se lo ha contado todo y que nunca lo olvidara, Judith corre hacia la ciudad mientras la música, que ha puntuado ese último encuentro, va desgranando sus últimos compases.

Brian, absolutamente desolado, cuando Judith aún no ha salido de campo, ve aparecer a Mandy que, en primerísimo primer plano, le espeta un desabrido "Por fin te encuentro" como prolegómeno de una cadena de reproches por lo que ella califica como su reprobable comportamiento con su anciana madre en el otoño de su vida. La última confrontación madre hijo, similar a la anterior, acabará de igual modo, con Mandy camino de la ciudad, abandonando a Brian a su suerte, mientras este, absolutamente devastado, con la mirada perdida, repite "madre".

5.3.2.5. *Always Look at the Bright Side of Life!* `1h. 29' 10"`

Encontramos a Brian roto de dolor por los reiterados desengaños, aplastado por la cadenciosa repetición de las malogradas misiones de rescate que, cómicamente, se materializan en nada; apuntillado por Judith, que se limita a sublimar su acción y prometer recordarlo, seguido de su madre, que no desperdicia la ocasión de reprender a su hijo en su último encuentro. Sin embargo, cuando todo parece perdido, una voz le da ánimos, al tiempo que la cámara realiza un movimiento de retroceso alejándose del rostro de Brian para revelarnos la presencia de Mr. Cheeky, que comenzará a entonar una canción. Si bien, al principio, es recibida con extrañeza por sus compañeros en el patíbulo, paulatinamente irán uniendo sus voces el resto de los crucificados.

Sumándose a la canción, silbando la melodía, el grupo es mostrado mediante una sucesión de planos de conjunto y movimientos panorámicos en los que se advierte cómo todos ellos se hermanan en el cántico, siguiéndolo desde sus cruces en una suerte de coreografía, a la que incluso se unen los cadáveres del escuadrón suicida que yacen al pie de estas. Lentamente, la cámara se va retirando para dibujar sobre un montículo recortado sobre el cielo, bajo un sol resplandeciente, un imponente panorama de una veintena de cruces en un desolado paisaje desértico. Funde a una imagen aún más lejana sobre la que se inscribe el título de film, seguido del nombre de sus seis autores e intérpretes principales en disposición piramidal, análoga a la de los títulos de crédito, culminado, como también sucedía en estos, con un movimiento de cámara que se eleva al cielo.

   Mientras comienzan a rodar los créditos, los Python no vacilan en romper la lógica del relato: por un lado, por boca de Eric Idle, interprete de la canción, anunciando que se puede adquirir el disco a la salida; por otro, para hacer referencia al propio proceso de producción y exhibición del film, aludiendo sarcásticamente a un tal Bernie que presagiaba su fracaso comercial, en referencia a Bernard Delfont, presidente de la EMI, que decidió retirar la financiación al film a pocos días del inicio de su rodaje.

6. LA CONSTRUCCIÓN CINEMATOGRÁFICA (RECURSOS TÉCNICOS, EXPRESIVOS Y NARRATIVOS DEL FILM)

6.l. La escritura del guion

El guion de *La vida de Brian* es con diferencia el más trabado de toda la producción del sexteto cómico, frente a sus trabajos anteriores, de carácter más episódico, o su siguiente película, *El sentido de la vida* (*The Meaning of Life*, Terry Jones, 1983), que plantea una suerte de vuelta al formato televisivo. Es algo que sin duda se ve favorecido por la presencia del intertexto religioso que aflora del paralelismo que se establece, a partir del primer equivoco que abre el film, entre la trayectoria vital de Brian y la de Jesús de Nazaret. Al margen de esta cuestión, la película se benefició de un proceso de escritura poco común, sujeto tanto a las particularidades del método de trabajo del sexteto como a los azares que rodearon su producción.

El proceso de escritura comenzó tras la primera reunión celebrada el 28 de abril del 1976 en Nueva York, ciudad en la que los Python se encontraban de gira con un show estrenado en el histórico New York City Center. En esta primera toma de contacto, se evidenciaron dos cuestiones: la decisión de escribir una comedia bíblica era unánime y firme; al tiempo, el proyecto en ciernes había suscitado ya bastantes ideas como para reavivar un entusiasmo languideciente en el grupo durante al menos los últimos dos años. Clara muestra de ello es el hecho de que la reunión tuvo su eco, sin más dilación, al día siguiente, en una nueva sesión grupal en la que se fueron expandiendo ideas (Palin, 2006: 346).

Como en otras ocasiones, no faltan las voces que ofrecen distintas periodicidades. Así, McCall (1991: 51) sitúa la primera sesión de escritura concertada del guion en diciembre de 1976, con el título provisional que lanzó Idle, mientras Topping (2007: 68) asevera que en esa misma fecha el grupo ya disponía de un complejo y voluminoso primer borrador del guion. Sin embargo, si seguimos la fuente que nos resulta más fiable, a inicios de noviembre, medio año después de la primera reunión en Nueva York, como recoge Palin (2006: 387), los Python celebraron un encuentro en el que se estableció un calendario efectivo de trabajo que contemplaba escribir hasta navidad, reescribir hasta el mes de marzo y posponer el rodaje hasta septiembre u octubre de 1977. Desde esta fecha, tanto los integrantes del grupo que trabajaban por parejas como los que lo hacían en solitario fueron avanzando de manera aislada, estableciendo una serie de reuniones periódicas en las que se leía el material y se valoraba conjuntamente su idoneidad. Como ya mencionamos al referirnos a su etapa televisiva, los tándems de escritura, cuya dinámica marcaría la redacción del guion, se formaron en la década de los sesenta, mucho antes de la creación del grupo, mientras sus futuros integrantes se abrían camino en la BBC como guionistas.

Muy pronto en estas reuniones, mediado ese mismo mes de noviembre, se hizo patente que las situaciones cómicas y los gags que no acababan de funcionar eran aquellos en los que aparecían o se aludía directamente a los hechos o personajes recogidos en los evangelios. Por consiguiente, escenas como la de Lázaro aquejado de una depresión post mortem o la de San José tratando de explicar a sus amigos cómo fue concebido su hijo Jesús, fueron rechazadas. Así, el modo en el que se desarrolló el material parecía ir definiendo que el mundo periférico era el que resultaba mayoritariamente rentable desde el punto de vista cómico, dejando a Jesús ocasionalmente de fondo, como un personaje cuyo rostro y voz no tuvieran presencia en el relato. Tras poco más de una semana de trabajo, a medida que iban surgiendo situaciones ya plasmadas en escenas, dos compañeros de escritura, Cleese y Chapman, comenzaron a mostrar su preocupación por la ausencia de una trama argumental. Aireada esta en el seno del grupo, la mayoría de sus miembros se manifestaron partidarios de generar material y, con posterioridad, entramarlo.

Este fue definitivamente el proceso a seguir, durante el cual el visionado de películas como las ya referidas –*Barrabás*, *Rey de Reyes* o *La historia más grande jamás contada* (*The Greatest Story Ever Told*, George Stevens, 1965)– aportaría algunas claves. Las conclusiones extraídas de las proyecciones iban, desde el hecho de que las voces de los actores resultaban tan acartonadas como algunos de los decorados, hasta que el pecho desnudo de los protagonistas masculinos solía ser de mayor volumen que el de los femeninos. La película de los Python sería la primera en la que la gente hablaría de forma normal, alejándose de esta manifiesta artificiosidad, de ese molesto tratamiento reverencial del que solo escapan las figuras más interesantes, los antagonistas, que se incrementa de manera empalagosa cuanto más nos acercamos a la figura de Jesús. De entre todas las películas que revisaron, conviene destacar *El Evangelio según San Mateo (Il Vangelo secondo Mateo*, 1964)5, de Passolini, que en palabras de Terry Jones (Chapman, Cleese, Gilliam, Idle, Jones, Palin y McCabe, 2003: 356), suponía un resquicio de sensatez. Por otro lado, en tanto que hijos de la academia, se enfrascaron en un profundo proceso de investigación que supuso una notable cantidad de lecturas, tanto sobre las escrituras como sobre el contexto histórico de la época, e hizo aflorar los temas esenciales del film. Resultó igualmente estimulante la sorprendente ausencia de precedentes en lo que a comedias bíblicas se refiere, por lo que la frescura del tema estimuló en mayor medida al grupo y atrajo su atención hacia este.

En el transcurso de la investigación se corroboró que Jesucristo no resultaba gracioso y que, cada vez que este fuera a aparecer en escena, las posibilidades cómicas se desvanecerían. Así pues, quedaba desde un principio claro que la comedia residía en cómo se interpretaban las sagradas escrituras. El enfoque en el que todos estuvieron de acuerdo desde un inicio tenía que ver con las propias circunstancias históricas que se estaban viviendo en un período agitado por un sentimiento de expectación ante la inminente llegada de un Mesías. Bajo este clima de fiebre mesiánica que azotaba Palestina, la idea de que alguien fuera tomado por el Mesías, simplemente por pasar casualmente por allí, se convirtió en la clave para bosquejar el guion.

El ocho de diciembre de 1976 se celebró una reunión vespertina en la que cada miembro del sexteto leyó el material que había ido redactando. Las aportaciones fueron cuantiosas; de entre ellas, el personaje de Eric el nazareno, un nazi judío, de cuya presencia, como veremos, quedó tan solo un rastro en el montaje final. Seis días después, tras una jornada completa de trabajo, John Cleese afirmó que ya contaban con un cuarenta por cien de buen material (Palin, 2006: 394). Se había esbozado a grandes rasgos el personaje de Brian, un bastardo de padre romano que, tras seguir a varios mesías, desilusionado, se une a la resistencia, es atrapado, escapa de los romanos, se disfraza

---

5 A propósito de esta película, es recomendable la lectura de (Monzó, 2022).

de profeta y obtiene una cuantiosa (a la par que molesta) cantidad de fieles, de los que igualmente trata de escapar. Estas líneas recogían ya de modo preciso el armazón del film, si bien seguían sin tener claro cómo cerrarlo.

Una semana después tuvo lugar la última sesión de lectura. Chapman y Cleese aportaron una brillante escena en la que Mandy se dirigía desabridamente a la multitud. Por su parte Palin, que recogió este proceso en su diario, introdujo el encuentro de Brian y Ben, así como el personaje de un centurión incapaz de pronunciar la "r". El encuentro marcó el cierre de un período de seis semanas de escritura con buenas sensaciones.

A inicios de marzo, los Python se reagruparon para hablar sobre el guion durante dos o tres horas. El ambiente de la reunión era de optimismo, y surgieron varias ideas, como la de un petulante y engolado Poncio Pilato. Michael Palin, que había escrito este personaje, reconocía llorar de risa en varios momentos de esta. Las reuniones se sucedieron durante los días siguientes, y el personaje de Pilato fue cobrando protagonismo en detrimento de ese centurión que tenía problemas con la "r". Palin continuó perfilando el personaje de Pilato al que, a sugerencia de su mujer, añadió un compañero, Pijus. De igual modo, se hicieron rápidos progresos con el cierre del film, que se decidió culminar con un gran número musical protagonizado por los crucificados. El domingo veintisiete de marzo de 1977, Palin (ibid.: 415) recogió que ya tenían listo el primer borrador verdadero del guion con el título de *La vida de Brian*, sugerido por Eric Idle un par de días antes. La víspera se decidió que John Goldstone produjera la película, que se rodaría los tres primeros meses del año siguiente en el extranjero. El calendario de rodaje estaba condicionado por el ardiente deseo de John Cleese de tomarse un año fiscal alejado del Reino Unido, lo que implicaba no trabajar en el país después de abril de 1978. Se acordó también programar una sesión de escritura de tres semanas para el mes julio, así como una final en octubre. Mientras se repetían las reuniones de trabajo el resto de mes, se decidió mantener el proyecto lejos del foco de la prensa.

Tras tres meses de pausa, Palin (ibid.: 436) recordó que tenían que retomar la lectura del guion. En las sesiones de trabajo que se sucedieron durante el mes de julio, existió unanimidad en que el primer tercio del guion funcionaba bien. Sin embargo, se plantearon acortar la parte de central, abreviar la escena del asalto al palacio de Pilato, reducir el número de personajes eliminando algunos de ellos, al igual que simplificar las secuencias finales. Así, se abordó este objetivo variando las parejas de escritura en esta ocasión: Michael Palin con Graham Chapman se ocuparon de la parte central, mientras Terry Jones y John Cleese trabajaron en el cierre del film. Pasado el verano, reunidos a inicios de septiembre, se decidió qué partes del guion necesitaban aún de un trabajo de reescritura, al tiempo que se planteó la posibilidad de realizarlo al comienzo del año fuera de Inglaterra, tal vez en el Caribe. Pese a ciertas reticencias, finalmente, a principios de diciembre, Barbados fue el sitio elegido a propuesta de Eric Idle, que frecuentaba la isla.

El siete de enero de 1978, los Python se reunieron en Barbados, alojándose en Heron Bay, una fastuosa villa construida al estilo Palladio. Llegados a su destino, los miembros del grupo acordaron escribir un diario de su estancia en la isla. Tan solo Michael Palin y Terry Jones, que ya tenían este hábito, lo harían, ofreciendo interesantes referencias sobre el proceso de escritura. No obstante, todos los miembros del sexteto coincidieron en lo acertada que fue la decisión de realizar esta estancia de trabajo en tan paradisíaco marco. Aunque algunos de ellos albergaban ciertas dosis de escepticismo al respecto, lo cierto es que, alejados de obligaciones laborales y familiares, la disciplina de trabajo se mantuvo con una cadencia sujeta a horario de oficina.

Como recuerda Eric Idle, promotor de la idea, esto era muy distinto de lo que suponía reunirse mientras cada uno trabajaba en una parte de Londres. La posibilidad de centrarse, durante dos semanas, todos juntos en el mismo lugar, en la redacción del guion era una situación que no se repetía desde los primeros pasos del grupo en la televisión. De hecho, la redacción del guion de *La vida de Brian* sería la última experiencia verdaderamente satisfactoria a nivel de escritura para el grupo. Las sesiones de trabajo fueron muy productivas: con seis personas centradas en revisar y pulir el guion de principio a fin, las ideas iban surgiendo de manera fluida, dándole una vuelta completa. Terry Jones recordaba que, de las discusiones que se produjeron durante ese período, afloró gran parte del material más interesante. No obstante, pese al excelente ambiente, el proceso no estuvo exento de altibajos, y la parte central de la historia seguía siendo la que planteaba mayores problemas. Idle afirmaba que el veinticinco por cien de esta era superfluo. Por otro lado, Cleese, que escribía con Graham, se desesperaba ante la incapacidad de este para seguir el argumento del film, pese a explicárselo de manera reiterada (Chapman, Cleese, Gilliam, Idle, Jones, Palin y McCabe, 2003: 363-365).

Finalmente, se redujo significativamente la relación inicial entre Brian y Judith, y se le dio más protagonismo al personaje de Mandy. El 18 de enero el guion parecía ya listo, a falta de realizar una lectura, pequeñas modificaciones y el casting. El retraso de seis meses que sufrió el rodaje permitió refinar aún más el texto y pulir las caracterizaciones de los personajes (Topping, 2007: 71).

6.2. El casting y la interpretación de los actores

Los Python se consideraban esencialmente guionistas, por ello resultaba primordial que el casting fuera el adecuado, y mostraban más interés en que el texto y la actuación fueran correctas que en el lucimiento de sus propios egos como actores. Así, la elección de los actores solía ser acertada y las disputas no eran frecuentes. A ello contribuía la particular vinculación entre la fase de escritura y la interpretación, una de las singularidades del modo de trabajo del sexteto, que implicaba que el autor de una determinada escena fuera habitualmente su intérprete, práctica anclada en los inicios del grupo mediante la que cada uno defendía su propio texto.

Sin embargo, *La vida de Brian* constituye una cierta excepción. Resultaba evidente que el asunto que revestía mayor trascendencia era la elección de quién daría vida a Brian. Graham Chapman funcionó muy bien como protagonista de su anterior película, dotando de la justa dignidad y un halo de autoridad a la regia figura de Arturo. A tenor de la integridad que refleja en pantalla, su probada capacidad para interpretar personajes sufrientes, sumada a una cierta apariencia romana, se perfilaba como claro candidato. Sin embargo, su adicción a la bebida despertaba no pocos recelos, ya que sobre su personaje iba a descansar el peso de la película. Como recuerda su pareja David Sherlock, Graham, también conocido como Mr. G.T. (Gin & Tonic), consumía en aquellos días dos botellas de ginebra diarias. John Cleese, su compañero de escritura, era uno de los que más dudas albergaba sobre la posibilidad de que este encarnara a Brian. Además, como actor nunca había tenido la oportunidad de interpretar un personaje que tuviera una entidad narrativa con presencia desde el inicio del film hasta su finalización, limitándose a papeles episódicos, y era una experiencia que deseaba tener, por lo que se postuló para ello.

A mediados de julio de 1977, ante la necesidad de alcanzar un acuerdo sobre el casting de cara a la grabación de una lectura del guion, el resto del grupo hizo saber a Cleese que consideraban a Chapman, que no se encontraba presente, como la mejor opción para encarnar a Brian. Pese a la oposición frontal de Cleese, que auguraba un desastre pues, en sus últimas sesiones de trabajo conjuntas, Graham ni tan siquiera era capaz de seguir el guion, se decidió en su favor. El resto del grupo coincidía en que John no era el más idóneo para interpretar a Brian, al tiempo que había otra serie de papeles que eran perfectos para él. John Cleese, por su mayor altura, complexión, tono de voz y lenguaje corporal, parecía una elección segura para interpretar a ese tipo de personajes que detentan una autoridad que ejercen con cáustico rigor, prestos a perderla en momentos puntuales, dejándose llevar o manifestando sus debilidades y contradicciones. Aún más, con la posibilidad de alternar entre el centurión romano y Reg, el líder revolucionario, establecía un claro comentario sobre la siniestra capacidad de intercambiar ambas figuras, aparentemente confrontadas, pero que terminan por asemejarse. Al principio, la idea no le agradó demasiado, pero pronto se dio cuenta de que sus compañeros tenían razón. A su juicio, Graham Chapman era potencialmente el mejor actor del grupo, y su trabajo en la película fue excelente, entre otros motivos porque logró desembarazarse totalmente de su adicción a la bebida y se mostró en un estado de forma excelente desde el inicio del rodaje.

Uno de los papeles que revestía mayor complejidad a la hora de encontrar a la actriz adecuada es el de Judith. Durante el mes de diciembre de 1977, antes de que Eric partiera en avanzadilla hacia Barbados, el grupo se reunió para visionar cintas de distintas actrices que estaban tomando en consideración para el papel, entre ellas Judy Loe, Penelope Wilton, Maureen Lipman, Diana Quick y Gween Taylor, con las que se acordó concertar una sesión de lectura del guion tan pronto como fuera posible. Diana Quick, con la que algunos de los Python ya coincidieran en el Oxford Revue en 1965, dotaba al personaje de una nueva dimensión de agresividad y determinación con la que el papel cobraba vida. Sin embargo, cuando llegó el momento, en junio de 1978, estaba comprometida. Jones, Chapman y Palin conocían a una actriz llamada Sue Jones-Davies, a la que este recordaba como una chica pequeña, aniñada, con nariz respingona, vivaz, con una potente franqueza y un delicioso acento galés. Coincidieron en que funcionará muy bien en los primeros planos con Brian y en que, pese a no ser una comediante versátil como Gween Taylor, sería una buena Judith (Palin 2006, 523).

El casting terminó de cerrarse durante la mencionada estancia en Barbados: se ratificaron los papeles principales, decantándose por Terry Jones, en detrimento de Cleese, para encarnar a Mandy, al ajustarse más tanto su físico como el punto canalla que este era capaz de imprimir a las madres que interpretaba. Eric y Palin, conforme a la mencionada relación con la fase de escritura, encarnarían a Otto y Pilato, personajes que ellos mismos habían escrito. Así completaron un total de cuarenta personajes diferentes interpretados por los miembros del sexteto (Ross, 1997: 182). No solo fueron los Python los que interpretaban múltiples roles, también lo hicieron otros actores de una suerte de pequeña compañía familiar de repertorio, sometiéndose en ocasiones a rápidos cambios de vestuario.

Al margen de la idoneidad de los intérpretes, el casting obedecía a una lógica de índole humana: reunir a un grupo de amigos, pues la creación de un ambiente de trabajo idóneo era una cuestión capital. Algunos, como Neil Innes, comenzaron a colaborar con el grupo en televisión en la década de los sesenta, para pasar a hacerlo en numerosos de sus trabajos para el cine. Del mismo modo, Gwen Taylor y Terence Bayler comenzaron a colaborar con Eric Idle, al igual que Charles Mckeowan con Cleese o Bernard McKenna con Graham Chapman, a mediados de los setenta en seriales para la BBC2. De entre ellos destaca John Young, presente ya en su anterior película, que interpretó a Matías, el papel con más protagonismo al margen de los desempeñados por los Python. Por último, la que por su ineludible presencia en el trabajo del grupo desde los tiempos del *Flying Circus* ha sido calificada como la séptima Python, Carol Cleveland, no podía fallar en esta ocasión.

Algunos de los nombres de los personajes también obedecen a referencias familiares; tal es el caso de los revolucionarios Reg y Francis, nombres de los padres de Cleese, así como el de Loretta, la mujer de Marty Feldman, con el que trabajaron en la BBC. De igual modo, se recuperaron nombres utilizados con frecuencia por el grupo, como el de Brian, que consideraban gracioso de por sí. Al mismo tiempo, establecieron juegos con los apellidos: Judith Scariote, en clara referencia a Judas, o Brian Kohen, sacerdote en hebreo. Mención aparte merece el nombre del amigo de Pilato, Biggus Dickus (Pijus Magnificus, en la versión castellana), pues resulta fascinante rastrear cómo ha sido traducido a otros idiomas, e incluso utilizado comercialmente para estamparse en objetos de diversa índole.

Los miembros del grupo pensaron que George Harrison, en última instancia artífice del film, debía estar. Harrison, que ya había aparecido en un show en directo con el grupo, realizó un pequeño cameo, al igual que Spike Milligan, que, azarosamente, se hallaba en Monastir visitando los lugares en los que había combatido durante la segunda guerra mundial y, aparentemente, la experiencia no estaba resultando satisfactoria. De muy mal humor, se quejaba: "Yo luché contra los alemanes para salvar este país y ahora se lo quiero devolver". El día de rodaje, en vista de que este se alargaba más de lo inicialmente pactado, Spike desapareció tras la comida, argumentando que estaba de vacaciones. Pese a la imposibilidad de rodar sus primeros planos y el resto de la secuencia tal y como la habían planeado, la aparición entre la multitud de seguidores del que fuera un referente para los Python se mantuvo en la copia final. Una tercera celebridad del mundo de la música cercana al grupo, Keith Moon, iba a ser parte del elenco, pero el batería de *The Who* moriría trágicamente antes de que se iniciara la filmación.

La masa, presente desde los primeros compases de *La vida de Brian*, es un personaje más que reviste una importancia capital. La actuación de los Python es también en gran medida un trabajo de equipo, en el que la interpretación individual de cada uno de sus miembros se sustenta en la respuesta que produce en el resto. En este sentido, la masa cobra especial relevancia con relación a Brian, pues es el lugar en el que este es presentado como adulto; igualmente, será la multitud la que lo encumbre como mesías, en un juego mediante el que la razón sucumbe ante el arrebato de la pulsión y la emoción. De entre los diversos momentos en los que aparece la multitud, construida tanto con la presencia de miembros de los Python como de la mencionada compañía de actores, destacan dos escenas. La primera de ellas es el discurso de Pilato, con el concurso de medio millar de extras locales y el de un cómico local que intentaba hacerles reír para filmar la escena en que se burlan de este. La segunda es aquella en la que el gentío se agolpa bajo la ventana de Brian, formado en parte por turistas británicos de vacaciones, que se encontraron con el sorprendente desnudo frontal de Chapman.

De manera singular, el casting presentaba una deriva. En esta ocasión, la dirección no iba a ser bicéfala. La experiencia de los dos Terry dirigiendo al unísono en su anterior film no fue satisfactoria. Finalmente, se decidió que Jones asumiría la dirección, mientras Gilliam sería el responsable del aspecto visual del film.

6.3. El diseño de producción

El exquisito trabajo de Terry Gilliam, tanto a la hora de diseñar los espacios como de poblarlos de detalles, es sin duda una de las fortalezas del film. Félix Murcia (2002: 55) destaca lo esencial del proceso de diseño de espacios y escenarios descritos en el guion para hacerlos creíbles adaptándolos al contexto narrativo. La cuidada estampa visual construida por Gilliam proporciona una esencial pátina de realismo, con frecuencia en las antípodas de la tendencia a la espectacularidad y el embellecimiento de los escenarios del cine americano de época, que dota a los personajes de un anclaje verosímil.

Así, los espacios poseen una apariencia tosca, sucia, poco pulida, con detalles que los asemejan a los de la época. Como señala Larsen (2018: 5), una parte del humor de los Python siempre ha residido en la generación de una apariencia de austera sobriedad en el tratamiento de los escenarios y de los personajes, la cuidadosa creación de un espacio ordenado que estalla ante la transgresora intrusión de un elemento que socava su equilibrada compostura.

Gilliam y su equipo, tras un detallado proceso de investigación, realizaron un documentado trabajo de reconstrucción de la época manejando fuentes diversas: desde las ya mencionadas, como Gustave Doré, esencial para la creación de la estética de film, que ya habían utilizado para el diseño del cartel de *La bestia del reino* (Palin, 2006: 420), a las también referidas *Ben-Hur* o *Jesús de Nazaret*, en las que nos detendremos brevemente. La clave, al igual que en *Los caballeros de la mesa cuadrada y sus locos seguidores*, radicaba en ofrecer una convincente recreación del período bíblico, de tal suerte que, si se introducían personajes o actitudes modernas, todavía pudieran encajar como algo que formara parte de ese período. Así, al igual que su anterior película se convertiría al tiempo en una mirada a la Inglaterra de los setenta y a las leyendas artúricas medievales, la realidad anclaba de nuevo la visión de los Python. *La vida de Brian* ofrece una precisa recreación histórica de un período en el que la gente esperaba un mesías o algún tipo de revolución liberadora, a la vez que traza claros paralelismos contemporáneos.

Aunque, por momentos, pueda parecer al espectador no informado que el film se aleja de toda referencia a su cotidianeidad, esta surge por doquier. Los ejemplos son tan numerosos que, de facto, lo vertebran, dejando que, en su evocación de la Judea del siglo I, destile la esencia de los setenta. Ambos períodos están marcados por su acentuado carácter convulso que deviene en una sangrienta manifestación de la violencia. En este sentido, *La vida de Brian* recoge uno de los tropos básicos de las animaciones de Terry Gilliam desde sus tiempos en el *Flying Circus* cimentado de forma recurrente en el despedazamiento del cuerpo o la amputación de miembros, así mismo omnipresente en su anterior trabajo, bien representado visualmente o verbalizado como amenaza.

En realidad, todas y cada una de las formas de violencia que aparecen en el film estaban presentes en la cotidianidad de una década asolada por el terrorismo, en la que los fanatismos de diverso signo, los secuestros, los asesinatos y las torturas convivían con desatada viveza a ambos lados de la pantalla. El cine y la televisión se hacían eco de las trágicas consecuencias de una conflictiva situación sociopolítica, caldo de cultivo para la proliferación de grupos terroristas libertarios, cada uno de ellos conocido por su respectivo acrónimo, que surgían por doquier y que terminó creando una terrorífica sopa de letras sobre la que ironizaron los Python, en la que sus miembros naufragaban en busca de su propia identidad. Así, el grupo al que se une Brian no es más una transposición burlesca de la extraordinaria expansión de partidos políticos en la extrema izquierda británica del momento, todos ellos extremadamente pequeños, que, obsesionados por la pureza doctrinal, terminaban por odiarse entre sí con una intensidad infinitamente más enconada que la que dirigían a sus opositores. De igual modo, el constante azote del terrorismo, con acciones tan espectaculares como la masacre de los juegos olímpicos de Múnich o la operación Entebbe, quedaron fosilizadas en la memoria audiovisual entre imágenes de comandos y pasamontañas presentes en las televisiones de todo el mundo que no se demoraron en llegar también al cine, como en *Operación Relámpago* (*Mivtsa Yonatan*, Menahem Golan, 1977). Su influjo, al igual que el de otros mediáticos escándalos como el del Watergate, al que aluden de forma indirecta los comandos, informan la estética del film.

Los movimientos contestatarios también encontraron fácil desahogo en los muros de las ciudades en forma de grafiti, práctica habitual en la época en que se sitúa el film, al igual que en Reino Unido. Los insurrectos campaban a sus anchas, tanto por la decadente Roma que retrata el film como por un languideciente imperio británico. En el contexto de la época, la figura del revolucionario emergía envuelta en una cierta aura de romanticismo, de la que también se revestía la figura de Jesús. Cientos de textos tendían a trazar un paralelismo entre Jesús y un revolucionario, un zelota, un terrorista, en definitiva, una figura política. Su imagen aparecía estampada en camisetas o en un famoso poster que adornaba las paredes de dormitorios de muchos jóvenes y en el que, tras la leyenda *Se Busca*, aparecía su icónica imagen de joven barbudo de largos cabellos, una descripción de su físico, sus hechos, una invitación a seguirle con la promesa de la eternidad como recompensa. Esta dualidad también está presente en la imagen que se nos presenta de Brian, cuya historia fue concebida en la segunda mitad de la década de los setenta, marcada por la tendencia a revisitar la figura de Jesús, tanto en el cine como en los escenarios y la literatura científica, con sonadas investigaciones sobre la Sábana Santa de Turín o el descubrimiento de diversos yacimientos arqueológicos. En este sentido, como señala Archer (2017: 73), es esencial entender la visión que ofrecen los Python con relación a las modas predominantes en la ficción británica cuando estos comenzaron a gestar su proyecto, particularmente la miniserie de coproducción anglo-italiana realizada por Franco Zeffirrelli *Jesús de Nazaret*, junto a un verdadero hito en la televisión británica que se acercaba a la época de la Roma imperial, *Yo Claudio* (*I, Claudius*, Herbert Wise, 1976).

El diseño de los espacios también es deudor de algún modo de una concepción de Gran Bretaña cincelada a partir de la famosa descripción de esta como una nación de tenderos que hiciera Napoleón. El mercado, de manera directa, mediante el eco de su sonido o en su condición de lugar de tránsito, deviene así un espacio esencial. En contrapartida, las localizaciones religiosas, elemento central de la vida de la época, se evitan por completo. Como veremos, esto no es sino otra indicación de lo que realmente pretende el film, centrado en los bulliciosos lugares de intercambio, de mercadeo marcado por la necesidad de subsistencia, en detrimento de los lugares dedicados al culto. No obstante, existen pequeños entrecruzamientos entre el mundo del culto y el negocio, de nuevo firmemente anclado en la realidad de la época que se retrata. Así, podemos ver en los lugares de tránsito la venta de suvenires con el motivo de la cruz, un tipo de comercio vivamente asentado en una Jerusalén que recibía un nutrido número de peregrinos. De nuevo, el ímprobo trabajo de Gilliam en su recreación del ambiente de época refleja una gran exactitud en los detalles que, en no pocas ocasiones, corre el peligro de pasar desapercibido.

Las localizaciones gubernamentales, aquellas adscritas al poder terrenal, se limitan al palacio de Pilato, lugar en el que Brian es arrestado, juzgado y condenado. El ámbito de la privacidad, los espacios habitados por el protagonista y sus acólitos se reducen a los dos que ocupa Brian con su madre, el pajar y su hogar, al que se suma la casa de Matías, que sirve de cuartel general del Frente Popular de Judea. Brian traba conocimiento con estos en el coliseo, un espacio que sirve de embrague entre el poder público y la plebe, lugar de esparcimiento en el que, no obstante, Brian, ceñida una bandeja a sus hombros, negocia con las viandas imperialistas. El ámbito del ocio deviene lugar de negocio para Brian, a la vez que punto de encuentro y bisagra de unión con los revolucionarios. Las transacciones comerciales forman parte del paisaje del film, tanto en el bullicioso mercado como en la calle o al calor del hogar. Estas incluyen: la compraventa de rocas y barbas falsas, la comida imperialista o los favores sexuales, todas ellas salpimentadas con el regateo, la mendicación o las tentativas de servirse de la condición de ciudadano romano. Del mismo modo, estos espacios exteriores se convertirán en lugares de tránsito, que albergarán con frecuencia otra de las imágenes que vertebra el film, la de Brian a la fuga.

Precisamente este espacio central del mercado, como Michael Palin (2006: 548) recoge con preocupación, iba a generar tensión en el seno del equipo entre los dos Terry. Gilliam mostraba su inquietud ante el hecho de que Terry Jones estuviera dirigiendo a todo el mundo a un ritmo tan frenético que no habilitaba el tiempo suficiente para que se sacara el máximo partido a cada plano. El director tenía las cosas muy claras y, para disgusto de Gilliam, encargado del aspecto visual del film, la rapidez era la tónica dominante. Su enfado cobraba mayor virulencia cuando se refería a los decorados del mercado, en los que se había esmerado cuidando hasta el más mínimo detalle, que se malograban durante el rodaje. Gilliam sostenía amargamente que la película se podía haber rodado en los londinenses Estudios Shepperton, de cuyo comité ejecutivo era miembro Palin, por dos millones menos. Al mismo tiempo, con flemática ironía se definía a sí mismo, mediante un inteligente juego de palabras, como "the film resigner", jugando con designer (diseñador), frente a resigner (el que renuncia o cede).

El diseño de Gilliam, que desde el principio tuvo clara la importancia de generar un marco realista, resulta extremadamente meticuloso, algo poco habitual en una comedia, por lo que se sentía particularmente molesto ante la posibilidad de que quedara parcialmente enterrado en el proceso de rodaje. Pese a ello, lo esmerado de su trabajo se evidencia a lo largo del film en una concienzuda recreación de los espacios exteriores e interiores. Encontramos un claro ejemplo en la reconstrucción del palacio de Pilato, inspirado en una de las primeras referencias a las que recurren los Python en su proceso de documentación, modelado, al menos parcialmente como observa Larsen (2018: 282), a partir de la habitación del trono de *Ben-Hur*, en una escala sensiblemente menor, mostrado en proceso de redecoración mediante una panorámica que pone de manifiesto el cuidado de las referencias pictóricas y el respeto a la fidelidad histórica.

Sin embargo, en este ejercicio de cuidada y documentada reconstrucción de una época llevado a cabo por Gilliam y su equipo como ya una de sus reconocibles marcas de estilo, hay lugar para la transgresión, desde la más sutil, como la que encontramos en la escena inicial con la anacrónica presencia de la cúpula de la roca, hasta la más abrupta aparición de una nave espacial. Gilliam, que se declaraba admirador de *La Guerra de las Galaxias*, simplemente se mostraba interesado en jugar con su universo tan en boga en ese momento (Morgan, 1999: 245). Prácticamente sin recursos a las alturas en que se encontraba la filmación, logró sorprender al propio Lucas por el modo en que había conseguido el efecto de los planetas utilizando pelotas de ping-pong pintadas, y la nave espacial construida con restos de otros decorados.

Entre las referencias que utiliza Gilliam, destaca la ya susodicha adaptación televisiva realizada por Zeffirelli, al punto de que Terry Jones (Palin, 2006: 437) se mostraba receloso ante su proximidad en el tiempo y el consiguiente riesgo de que el público aún conservase un recuerdo demasiado nítido de esta que pudiera lastrar su visión. No obstante, ambas producciones coincidieron en numerosas localizaciones y, aunque había sido rodada un año antes, los Python reutilizaron algunos decorados que todavía seguían en pie. Es más, las coincidencias no solo se limitaron a las localizaciones; el vestuario utilizado por Zeffirelli fue también una referencia, particularmente a la hora de caracterizar a los reyes magos.

Los Python recurrieron a la veterana diseñadora de vestuario Hazel Pethig, colaboradora habitual del grupo desde sus años en televisión. Como señala Katie Turner (2015: 234), esta conocía muy bien su oficio, al punto de que, en su estudio sobre el diseño del vestuario de *La vida de Brian,* no vaciló en afirmar con total rotundidad que la película tenía un vestuario más fidedigno a nivel histórico que cualquier otra realizada sobre la figura de Jesús. El nivel de precisión que presenta el trabajo de Pethig no solo se focaliza en los personajes protagonistas, con detalles como el que subraya Larsen (2018: 383) de un Brian en la cola de los que esperan a ser crucificados que, pese a que arguye ser romano, va vestido con el nexxi, atuendo que se utilizaba para arropar a los criminales a los que aguardaba una muerte degradante. Podemos encontrar un similar cuidado por la recreación de la vestimenta de los gladiadores que se baten en la arena del circo.

Justin Smith (2012: 177) destaca que gran parte de la fortaleza del cine de los Python reside en su capacidad para generar un universo ficcional enraizado y visualmente coherente. Esto se pone de manifiesto de manera clara en el destacado grado de verosimilitud que se consigue en el film. De igual modo, se sirve a su vez de la estética monumental de las grandes epopeyas bíblicas, diseñadas en gran medida para conjurar la amenaza de la televisión, ofreciendo un espectáculo colosalista, una estética de semejantes dimensiones que no pueda ser constreñida en el exiguo espacio de la pequeña pantalla. Como recoge Neil Archer (2017: 71), este cine está típicamente marcado por un conservadurismo formal que construye una verosimilitud determinada por la iconografía renacentista, fuertemente modelada por las tradiciones del arte sacro victoriano. De modo análogo, se encuentra ligado a muchas otras rancias convenciones con las que los Python juegan, como son el casting, el estilo afectado de actuación o el uso del lenguaje y de la música.

6.4. La banda sonora

Para analizar la banda sonora, conviene tomar en consideración la adscripción genérica del film, cuyas particularidades, exacerbadas en manos de los Python, favorecen la hibridación, la amalgama, el pastiche, el ensamblaje de fuentes sonoras de procedencias dispares que trataremos de jerarquizar y ordenar. Inicialmente, podemos establecer una nítida diferenciación en el material sonoro que modula las imágenes del film: por un lado, situamos una parte de la banda sonora que ha sido compuesta en función de las convenciones musicales del género; por otro, toda una serie de mecanismos acústicos que, en cierta medida, escapan a una clasificación convencional por su carácter heterogéneo de mero conglomerado de material sonoro procedente de fuentes diversas, si bien es cierto que ese carácter manifiestamente hibrido de una parte de la banda sonora está íntimamente ligado al género del film. No en vano, la comedia consiente la laxitud de las normas y la utilización de todo tipo de licencias gracias a la suspensión del régimen de verosimilitud que gobierna otras prácticas genéricas. Al margen de estas consideraciones, nos detendremos especialmente en la particular intrahistoria de las dos canciones que enmarcan la película.

Comencemos por el principio, esos inaugurales acordes entonados por el coro cuya proyección vertical y sonoridad ascienden a un negro cielo con semejante intensidad para resaltar las estrellas que, gradualmente, al compás de la música, lo van poblando hasta doblegar su oscuridad. Los suaves compases, junto a los arpegios y los coros que envuelven a los tres magos, provienen de las convenciones genéricas establecidas fundamentalmente por Miklós Rózsa, junto a Dimitri Tiomkin. Como afirma José Nieto (2003: 84), la música de género se compone con arreglo a la combinación de códigos muy precisos que remiten a lugares o épocas mediante la utilización, más o menos convencional, de timbres y motivos musicales originarios de ella. En consecuencia, el tratamiento musical del film tiene, de entrada, una estrecha vinculación con el juego que se establece con los films bíblicos que los Python comenzaron a revisar cuando se plantearon llevar la historia de Brian a la pantalla. Su paisaje sonoro se basa en el que crearan Rózsa y Tiomkin de la nada. Ante la ausencia de referencias a escritura musical con anterioridad al año 1150, mediatizada tan solo por crónicas literarias o recreaciones basadas en instrumentos similares a los de la época, ambos, en mayor medida el primero, fueron los encargados de formalizar el mencionado género de las epopeyas bíblicas, compuestas con tal grandiosidad orquestal que nos proyecta a las alturas.

Así, el inicio del film juega a recrear las grandes epopeyas del cine bíblico, planteando un reconocible guiño a la banda sonora de *Ben-Hur*, compuesta por Rózsa, con los típicos elementos del paisaje musical dibujado con voces blancas, que nos elevan al cielo según la tradición vinculada a la de los auto sacramentales que generalizan este concepto coral con marcado predominio de voces femeninas. A estas se une el boato orquestal que incide marcadamente en la percusión, sumado al refuerzo armónico del arpa, que maridan con los coros para dar esa idea de ensoñación, ese mágico mundo onírico que, súbitamente, será silenciado para anticipar una ruptura mediante la equivoca aparición de Mandy, la madre de Brian, que deja escapar un gutural grito, prolegómeno de su posterior caída. Este primer gag nos da una de las claves a las que obedece el tratamiento musical, que no es otra que la intencionalidad cómica, acentuada por el montaje mediante la abrupta eliminación de algunos fotogramas que realza la brusca acción.

Terry Jones recurrió a Geoffrey Burgon, compañero de colegio y amigo de la infancia, para que compusiera la banda sonora. Este construyó una sencilla sonoridad plagada de referencias genéricas que dibujan un trasfondo verosímil de época que posibilita el juego con su reverso cómico. Se sirvió de los grandes tópicos musicales americanos, estableciendo, en un primer gesto, un juego con la música de estas grandes épicas, para que, acto seguido, los Python, a través de un gag sonoro, realizasen un vertiginoso viraje hacia otro referente cinematográfico, en este caso bastante más cercano, el tema de *James Bond contra Goldfinger* (*Goldfinger*, Guy Hamilton, 1964), compuesto por John Barry. Inspirándose en este, Andre Jacquemin y Dave Howman compusieron el tema, y Michael Palin escribió la letra, no para que la cantara Shirley Bassey, siempre asociada a la franquicia Bond, sino Sonia Jones, una joven de tan solo diecisiete años que acababa de llegar de su Gales natal. Le preguntaron si había cantado alguna vez como Bassey y, pese a su negativa, la animaron a hacerlo diciéndole que no se preocupara, que se trataba tan solo de una demo. Jon Du Prez fue el encargado de hacer el arreglo orquestal, interpretado a todo volumen, con una sonora sección de cuerda y metales con doce pistas de trompeta, otras doce de trompas en fa, y piano ensamblado con una Big Band al estilo Bond. La mencionada demo, grabada en unos diez minutos, es la versión que se escucha al inicio del film. Años más tarde, Sonia Jones se auto parodió en el documental para la BBC2 *Almost the Truth The Lawyers Cut* (Alan G. Parker, 2009), que recorre 40 años del grupo, alterando la letra, sonando cada vez menos entusiasta a medida que repite el estribillo.

Tras este juego con el universo Bond, volvemos a una serie de patrones armónicos y cadencias que nos devuelven al paisaje de las epopeyas bíblicas, puntuando la imagen del cielo y la multitud que avanza por el desierto para escuchar el sermón de la montaña. Una nueva ubicación, el coliseo romano, vendrá descrita por el paisaje sonoro del péplum mediante la utilización de clichés sonoros, códigos que se combinan en función de un patrón conocido en el que predomina la utilización de trompetas, junto a la percusión, tubas y trompas. De igual modo, en la secuencia de la nave espacial, muy en la línea de la *Guerra de las Galaxias*, (Morgan, 1999: 245), Terry Gilliam toma *Bullit* (Peter Yates, 1968) como referencia para construir una persecución cuyos efectos sonoros se crean mediante la mezcla del ruido del cambio de marchas de una motocicleta acelerando a fondo, neumáticos chirriando y frenazos (Larsen, 2018: 304), junto a otras fuentes que le dan un aire absurdamente cómico.

Las consabidas licencias genéricas avalan la utilización de fuentes poco coherentes entre sí que generan una suerte de verdadero pastiche musical. Un planteamiento tan sorprendentemente ecléctico y libre del yugo de una continuidad de tono se permite el lujo de plantear rupturas, en ocasiones abruptas, para despertar una reacción en el espectador, para apelar a una determinada emoción. Así, auténtica amalgama, la banda sonora está construida como música de sentimiento, de percepción, capaz de generar imágenes mentales y que, en ocasiones, tiene una relación más ligada al material emocional que a su codificación genérica, de tal modo que, aunque no siempre se pueda identificar una determinada música, sí resulta clara la emoción que transmite: alegría, luminosidad o tristeza dibujadas en el rostro de Brian; agitación, conmoción y dinamismo en las frenéticas persecuciones; momentos de quietud, en ocasiones tensa. La sonoridad que puntúa la acción está mediatizada por la particular selección del material sonoro: un buen número de las emociones que despierta la música del film residen en la sensación armónica que origina en función de las cadencias, del timbre y del ritmo que genera.

El trágico final se construye con un ritmo andarín, jovial, con una coreografía de jubilosa camaradería, muy jocosa, con una música muy pausada y alegre. La cadencia de la canción final, andante, alegre, se nos revela en clara contraposición a la trágica situación en la que están sumidos los personajes. Se produce una suerte de invitación existencialista a desdramatizar, a crecerse frente a la adversidad e incluso a reírse del infortunio. La risa, el sentido del humor, al igual que la canción, actúan como nexo de unión frente a este, una vía abierta a encontrar un atisbo de esperanza.

La canción gozó de vida propia y se convirtió en una suerte de institución británica capaz de encapsular esa peculiar capacidad de encajar los golpes del destino, una especie de flemática resiliencia. Pasó así a ser una de las más demandadas en servicios funerarios, después de que Idle la cantara en directo (el 4 de octubre de 1989) en el celebrado en memoria de Graham Chapman; fue entonada por la tripulación del destructor HMS Sheffield, alcanzado por un misil durante la guerra de las Malvinas, mientras esperaba en cubierta a ser rescatada tras el hundimiento. En la década de los noventa comenzó a ser una canción que sonaba, tanto en los campos de futbol, como en manifestaciones y huelgas. También ha servido para alcanzar un récord Guinness y se ha reconvertido en un oratorio cómico, *No es el Mesías (Es un sinvergüenza)* (*Not the Messiah: He's a Very Naughty Boy*, Aubrey Powell, 2010). Eric Idle la grabó de nuevo, entrando en las listas de éxitos, y fue requerido para cantarla en la ceremonia de clausura de los juegos olímpicos de Londres 2012. El propio Idle (2018), en el capítulo, de su autobiografía, que dedica tanto a la canción como a los modos en que va adquiriendo vida propia, se atribuye todo el mérito de esta. Sin embargo, parece ser que Neil Innes, músico y cómico, asiduo colaborador del grupo, calificado por algunos como el séptimo Python, realizó la crucial aportación de incorporarle el vivaz silbido al tema que cierra la película.

Existen elementos de la banda sonora vinculados a la propia experiencia de los Python en la televisión, la influencia del *Goon Show* y el concepto de la llamada Mickey Mousing Music, que persigue generar una perfecta sincronía entre la banda sonora y la banda de imagen para provocar una respuesta emocional en el espectador. Hablamos, por tanto, de dibujar el paisaje sonoro que acompaña un fragmento puntuando el movimiento físico mediante un contrapunto sonoro. Así, se produce un seguimiento detallado del movimiento, de tal modo que, si asistimos a una caída, igualmente se hace caer el sonido mediante una progresión descendente de notas. Se trata de una práctica que ancla sus orígenes en los primeros pasos de la animación, aunque la sincronización entre las acciones físicas y el ritmo de la música resulta muy anterior.

De manera convencional, algunos personajes van a asociados a un determinado tratamiento sonoro. Destaca el personaje de Judith, cuyas apariciones van precedidas por una suerte de leitmotiv compuesto mediante una dulce combinación de flauta, oboe, arpa y cuerdas que genera un evocador halo romántico que parece envolver al personaje. Por otro lado, el tratamiento convencional del sonido presente en las grandes epopeyas bíblicas es cómicamente subvertido ya desde la presentación de Brian adulto: mientras asiste al sermón de la montaña acompañado de su madre, esta demanda a voz en grito a Jesús que hable más alto.

6.5 La fotografía

El director de fotografía Peter Biziou, que venía de trabajar con Alan Parker, se adaptó a la perfección al estilo en la dirección de Terry Jones. Su versatilidad le permitió moverse con igual soltura a la hora de rodar esos grandiosos planos generales que emulan las grandes epopeyas bíblicas, como los que aparecen tras el genérico para abrir el film que, como señala Larsen (2018: 40), están inspiradas en las ilustraciones que Dore realizó para su biblia, o a la de manejar el zoom, en un recurso muy repetido a lo largo del film típico del cine de los setenta, como en ese zoom out que vemos poco después de los planos que presentan a Judith. Al margen de esto, se desenvolvía con gran habilidad a la hora de utilizar distintos tipos de trucajes, desde los clásicos juegos con perspectivas forzadas, a la elaborada combinación de dos o más imágenes para crear una única imagen.

No en vano, ya desde el primer día de filmación, Biziou y su cámara John Stainer se beneficiaron de la semana de ensayos en las localizaciones, así como del meticuloso trabajo de planificación realizado por Terry Jones, a cuyo estilo se adaptaron sin mayores dificultades. Como él mismo reconoce, cuando Jones dirigió *La vida de Brian*, tenía una suerte de fobia a la colocación del trípode, por lo que alrededor de un sesenta por cien de la película está rodada cámara en mano (Chapman, Cleese, Gilliam, Idle, Jones, Palin y McCabe, 2003: 378). Los ejemplos son números, destacando la escena en la que Brian se encuentra con el ex leproso, una de las pocas en que se alteró el orden de rodaje posponiéndose hacia el final de este. De igual modo, encontramos la descripción que ofrece Palin (2006: 553) de la aparatosa apariencia de Stainer, amarrado al arnés del steadicam moviéndose por el interior de la casa de Matías, que le hacía asemejarse a una consola de dentista andante.

Así mismo, podemos rastrear otras huellas de estilo, tanto en el juego con esa estética colosalista de las epopeyas bíblicas, que contribuye a construir un trasfondo realista cuya subversión cómica resulte efectiva, como en la propia concepción que los Python tenían de la comedia, que favorecía la utilización del plano general: por un lado, en esos grandes planos generales, como los del sermón de la montaña, en los que se había de lidiar con la presencia de hasta seiscientos extras locales; por otro, con el vínculo que se establece en la dinámica que genera captar la actuación de un personaje en función de la réplica que le ofrece otro, que tendía a ser filmada en planos abiertos.

6.6 El rodaje

A mediados de septiembre de 1978 se inició el rodaje del film, que iba a tener una duración de cuarenta y un días (McCall, 1991: 63). El mes de junio del año anterior, Terry Jones y Terry Gilliam realizaron una batida en busca de localizaciones, tras la cual, descartados otros países del Mediterráneo como Israel o Marruecos (Larsen, 2018: 385), se decantaron por Túnez. A su favor no solo jugaba el clima, sino también el hecho de disponer de una buena infraestructura hotelera, sumado a un factor determinante, la inestimable experiencia a la hora de albergar este tipo de proyectos. No en vano, Tarek Ben Ammar, sobrino del presidente Bourguiba, que había creado una compañía al socaire de grandes producciones como *El mesías* de Rosellini o la teleserie de Zeffirelli, desempeñó las funciones de productor ejecutivo en Túnez. Fue en concreto Monastir, una pequeña localidad costera al sur del país, ya acostumbrada a convertirse en ocasional plató, donde transcurrió una parte esencial de la filmación. Así, podemos observar con frecuencia las murallas de su Ribat, la fortaleza más antigua de todo el Magreb, junto a otros espacios en los que los extras árabes ya estaban habituados a transformarse en judíos durante unos días.

Los miembros del sexteto recordaban su estancia en Túnez como una experiencia muy placentera, máxime cuando aún tenían fresca en la memoria la de su anterior film rodado en Escocia, en el que, tras toda una jornada de trabajo bajo una molesta lluvia, había que apresurarse en llegar al modesto hotel, que no disponía de agua caliente para todo el equipo. En esta ocasión, no solo acompañaba el clima, el mar, el sol y poder pasar muchas horas al aire libre, algo infrecuente en Reino Unido, sino también el gozar de un presupuesto generoso. A esto se sumaba el hecho de contar con un guion muy elaborado, un plan de trabajo escrupulosamente estructurado y un casting que aglutinaba a un equipo competente y muy familiar que contribuyó a la creación de un excelente ambiente.

La coincidencia de estas circunstancias permitió disfrutar de un rodaje que se desarrolló con gran fluidez. Kim Howard Johnson, un fan americano del grupo que, al margen de realizar otras funciones, interpretó distintos papeles en el film, ofrece una privilegiada visión del mismo en un libro de memorias con el significativo título de *Las vacaciones tunecinas de los Monty Python*. En él recuerda cómo Terry Jones y Graham Chapman comentaban la ausencia de problemas desde el inicio del film, a diferencia de los dos primeros días de *Los caballeros de la mesa cuadrada y sus locos seguidores,* que calificaban de calamitosos. De hecho, todos los miembros del equipo supervivientes de aquel rodaje, sorprendidos ante lo fluido de este, coinciden unánimemente en recordarlo como una experiencia atroz (Johnson, 2008: 51).

Como refleja Palin en su diario, en esta ocasión la filmación, a salvo de grandes contratiempos desde su mismo arranque, se desenvolvió con gran facilidad. Así, el 16 de septiembre de 1978, esta echó a andar con la escena de la lapidación, que, pese a su complejidad, se rodó en una sola mañana (Palin, 2006: 540), hecho todavía más remarcable pues, como coinciden en señalar todas las crónicas del rodaje, aunque se trataba de la primera escena, el equipo trabajó de forma tan acompasada que se tenía la sensación de encontrarse ya a medio camino del mismo (Johnson, 2008: 29). En este sentido, era esencial tanto la química existente entre los miembros del grupo, favorecida por una semana de ensayos en las localizaciones tunecinas, como la cuidadosa planificación llevada a cabo por Terry Jones. Este, además, tenía que hacer frente a las dificultades que entrañaba dirigir y actuar al mismo tiempo. De hecho, con frecuencia, ambas funciones se entrecruzaban y dirigía a su equipo vestido de Mandy, con la paja que constituía el relleno de sus pechos al aire cuando el calor apretaba, o prácticamente desnudo cuando interpretaba al eremita Simón.

El buen ambiente se percibe en las diversas imágenes documentales del grupo relajándose en el set y en el modo en el que todos, con independencia de si estaban directamente implicados en la escena, se mostraban pendientes de la actuación del resto. Bajo esa premisa de tratar de mejorar la actuación grupal, las discusiones para pulir pequeños detalles fueron la tónica dominante. Algunas escenas, evidentemente, entrañaban mayores dificultades. En concreto, mientras se rodaba la de la crucifixión, que también terminó siendo la más controvertida, varios actores, aunque contaban con un sillín de bicicleta oculto y una plataforma para los pies, acusaron ligeros problemas de salud tras verse obligados a pasar tres días encaramados a una cruz. No obstante, pese a que el rodaje avanzaba rápido, extremo que permitió volver a rodar alguna escena (Johnson, 2008: 86), a la vuelta de Túnez se tuvieron que filmar algunos planos para mejorar un par de secuencias: la ya referida del ex leproso, en la que se percibe el pelo más corto de Palin así como la pérdida del moreno tunecino, y la de la nave espacial. En este caso, Graham Chapman, llegado desde Los Ángeles donde residía por cuestiones fiscales, tan solo pudo estar veinticuatro horas en el Reino Unido para evitar problemas con su tributación.

6.7 El montaje

Siete días después de la finalización del rodaje, ya con una apariencia de pálidos ingleses tras una semana de noviembre británico, como recuerda Palin (2006: 566), el grupo se reunió para realizar un visionado, al que también asistieron el productor John Goldstone, junto a George Harrison y Denis O'Brien, el productor asociado Tim Hampton y la agente del grupo Anne Henshaw. El copión que preparó el montador del film Julian Doyle tenía una duración de dos horas y ocho minutos. Aunque en algún momento, como recoge Johnson (2008: 322), se llegó a barajar en el seno del grupo, tanto la posibilidad de dividir la película en dos partes, como la de proyectarla insertando un descanso, finalmente se optó por reducir la duración hasta los noventa minutos de metraje.

Para ello, comenzaron a sucederse los visionados y las discusiones sobre qué secuencias eran susceptibles de ser recortadas o eliminadas. Desde la primera proyección realizada a la vuelta de Túnez, parecía claro que el asalto al palacio de Pilato resultaba demasiado largo; sin embargo, en otros casos, el debate sobre si mantener o eliminar una escena se prolongó durante meses. Respecto al mencionado asalto, meramente esbozado en el guion, sobre el que se rodó gran cantidad de metraje, todos se mostraron de acuerdo en que cinco o seis minutos podían ser descartados. En estos se incluía el rapto de la mujer de Pilato, interpretada por el gigantesco e intimidatorio John Cage, que aparece como Burt en la escena en la que Brian se ve obligado a regatear para adquirir una barba falsa.

Sin embargo, no todo resultó tan sencillo. A partir de ese momento, los visionados y reuniones se sucedieron y generaron algunas tensiones entre el montador Julian Doyle y el director Terry Jones, entre los que se vio obligado a mediar Michael Palin (2006: 605), que recuerda que el 22 de abril ya llevaba al menos veinte visionados públicos del film. Pese a las desavenencias entre ambos, Jones reconoció la maestría de Doyle como montador a la hora de manejar el ritmo, la cadencia de las pausas, el timing y los efectos visuales. Su destreza se hace patente a lo largo del filme sirviéndose de toda una serie de mecanismos para enriquecer el gag, cartografiados de forma precisa por Garin (2014), que van desde el contraste de velocidades, la aceleración de determinadas acciones, en ocasiones eliminando un cierto número de fotogramas, las contraposición de imágenes que entran en cómico conflicto, la rápida inserción de planos de reacción o los cortes que se mueven al compás de lo que Montiel (2005) refiere como esa regla de tres, tan valiosa en el arte de hacer comedia.

El largo proceso de proyecciones y cónclaves llevó a prescindir de algunas escenas. Sobre varias de ellas se sucedieron las discusiones, probando a eliminarlas en alguno de los continuos visionados para comprobar si el film mejoraba sin ellas. Este es el caso de la secuencia del ex leproso, cuyo ritmo se puliría a la vuelta de Túnez con unos añadidos, o la del tendero con el que ha de regatear Brian. Finalmente, hasta seis desaparecieron de la copia final. Destacan la que daba comienzo al film, una larga escena cercana a los cinco minutos, en la que un grupo de pastores, atrapados en una absurda conversación sobre sus ovejas, permanecía ajeno a la llegada de la estrella que guiaba a los magos. Se descartaron dos escenas en las que aparecía Judith, la primera con un vendedor de suvenires mientras seguía a Brian en dirección al patíbulo; en la segunda, esta pedía ayuda a Otto liberando unas palomas mensajeras. También fue cortada una escena de este personaje con Brian, lo que reviste un particular interés, pues su desaparición de la copia final parece no obedecer únicamente a cuestiones vinculadas con una caída del ritmo o con que no fuera lo suficientemente graciosa. Otto, interpretado por Eric Idle, con un fino bigotillo que recuerda al de Adolf Hitler, compartía sueños supremacistas con este. Con un atuendo primorosamente diseñado por Gilliam que incluía un casco que combinaba la cruz gamada con la estrella de David, tan solo queda un rastro de este personaje que suspira por un estado judío racialmente puro cuando, en la parte final del film, lo vemos liderando el escuadrón suicida en una de las fallidas tentativas de rescate.

7. Interpretación y vigencia de *La vida de Brian*

La propia respuesta de aquellos que se autoproclamaron guardianes de la moral cristiana no solo sirve para validar los argumentos que se exponían en el film, sino también lo necesario de este. Constituye una afirmación de la transcendencia de ese grito desesperado de Brian recordando a la multitud que todos son individuos llamados como tales a pensar por sí mismos sin necesidad de seguir a líder alguno. Su polémica recepción, tal y como señala David Morgan (1999: 226), supone la constatación de hasta qué punto resulta esencial remarcar la cantidad de gente que con extrema ligereza se arroga la capacidad de hablar en nombre de Dios. Un buen número de ellos, emulando al fraile inspirado en Jorge de Burgos, custodio del saber en la célebre novela de Umberto Eco *El nombre de la rosa*, no vacilaron a la hora de juzgar sin ver, imponiendo un sangriento veto a la risa. Tradicionalmente, la risa y hacer reír siempre han tenido mala prensa. Frente al predicamento social de lo grave, la relevancia de lo serio, lo cómico se nos muestra lastrado por su volátil levedad, por su intranscendencia frente a la solemne persistencia de lo trágico. Semejante concepción, a fuerza de repetida, se perpetua convertida en uno de esos tantos prejuicios que no resiste el envite de un análisis riguroso.

En el ámbito de lo religioso, salvo en contadas ocasiones (Sastre, 2002: 107), el humor parece no tener cabida. José María Valverde (2019: 243) recoge las desastrosas consecuencias de la idea, vinculada al pensamiento de Kierkegaard, según la cual la elocuencia ha llegado a ser el medio para proclamar el cristianismo, cuando el sarcasmo, la ironía y el humor quedan más cerca de lo existencial del cristianismo. La impuesta gravedad de determinados asuntos parece en sí misma vetar la aproximación a estos desde el terreno del humor, la ironía o la comedia. No faltan las voces que han señalado el vacío que entraña la ausencia de la comedia en el seno de las religiones en general y del cristianismo en particular. Recordemos cómo los Python se vieron atraídos por la frescura del tema ante la ausencia de tratamientos cómicos de este.

El humor es una de las formas más penetrantes de escudriñar la realidad, una suerte de bisturí que incide en la esencia de las cosas, capaz de superar la tendencia a conformarse con un mero vistazo epidérmico conducente a alinearnos con ligereza en la adocenada calidez del rebaño. Bromear sobre algo, extraer lo cómico de una determinada situación, por el contrario, implica conocerlo en profundidad, acceder a su reverso que, en no pocas ocasiones, revela la presencia de automatismos ocultos. Precisamente, como ya señalara Henri Bergson en su tratado sobre la risa (2016), cuando comenzamos a actuar de forma mecánica, cuando perdemos nuestra elasticidad para someternos a los dictados de la rigidez, comenzamos a ser cómicos. Esta es sin duda una de las cuestiones esenciales que aborda el film: el modo en el que la gente sigue a ciegas y sin cuestionar lo que se le dice que ha de hacer. Randal E. Auxier (2006: 73) habla de esa rigidez a la que se refiere Bergson y aporta una interesante reflexión al vincularla con el modo en el que actúan y reaccionan, particularmente John Cleese y Graham Chapman, frente a lo que sucede a su alrededor, que les hace cómicos de manera inconsciente, alejados de cualquier tipo de afectación, mostrando una rígida seriedad.

Esta, sin duda, es una de las cuestiones nodales del film. Brian predica en dos ocasiones, la primera de ellas, remedando el texto de uno de los evangelios (Mateo 7: 1). Sin embargo, desde el balcón de su casa materna, Brian habla con voz propia para decirle a la multitud que lo han entendido todo mal, lo innecesario de los líderes frente a la necesidad del pensamiento propio y la reafirmación de la individualidad. Pese a que la respuesta dispara uno de esos cómicos automatismos antes aludidos, un mecanismo en el que la elasticidad del sujeto se somete a la rigidez de la masa, sintetiza, como menciona Michael Palin (Chapman, Cleese, Gilliam, Idle, Jones, Palin y McCabe, 2003: 306), el mensaje que los Python querían realmente transmitir: la necesidad de pensar por uno mismo y no seguir a nadie ciegamente. De algún modo, la comedia de los Python se desmarca de toda voluntad de adoctrinamiento, constituyendo, como apunta Kevin Schilbrack (2006: 17), una invitación muy sesentera a pensar por uno mismo.

La prédica de Brian no solo es un reflejo de los setenta, sino también de un principio básico de la filosofía desde la ilustración, el de que los individuos han de pensar por sí mismos, algo que se encapsula en la máxima de Kant que invita a tener el valor de usar la propia razón. Por otro lado, como precisa Schilbrack, la máxima de Brian puede representar igualmente un cierto tipo de existencialismo en el que depende de cada individuo determinar el significado de su vida y ser responsable de sus acciones. El discurso de Brian podría emparentar con la tradición de Kierkegaard, Nietzsche o Sartre, pero parece ajustarse de manera más precisa al pensamiento de Albert Camus. El eco de Camus resuena singularmente en la canción que cierra el film, en la que, frente a la negrura del existencialismo humanista y el absurdo de la vida, se nos ofrece una salida, el sentido del humor, que celebra, con despreocupada alegría, incluso la posibilidad de reírse ante la última broma macabra del destino, la muerte. No obstante, no faltan los que, como Katarzyna Malecka (2014: 19), ven en esta escena final una crítica a un símbolo, el de la cruz, que la cristiandad considera de ayuda a la hora de encontrar sentido a la muerte, símbolo que a su vez remite a la crueldad y el desprecio de la vida; una visión alineada, en gran medida, con la de aquellos que se sintieron ofendidos y persiguieron el film.

Por otro lado, como demuestra Schilbrack, si la película es vista desde la filosofía, disciplina por la que, como es notorio en su trayectoria, los Python siempre han mostrado singular interés, se nos ofrece una forma alternativa de pensar el film un tanto más productiva que aquellas que nos envuelven en reflexiones de otra índole sobre su propia naturaleza. Con frecuencia se ha establecido un debate, en el que algunos de los Python han participado de forma activa, sobre la consideración de la película como blasfema. La posición de estos respondía a una negativa a situar el film en el terreno de lo blasfemo, haciéndolo en el de lo herético, que básicamente se contrapone a la interpretación de una creencia, no a la esencia de esta. Dicho de otro modo, la película no satiriza lo que creen los fieles, sino el modo en el que algunos de ellos lo hacen.

Por su parte, Archer (2017: 70-71) destaca que la crítica a la idolatría, su problemática e inconsistencia es una noción ampliamente difundida en las discusiones sobre el controvertido film. Brian, tratando de huir cuando colapsa su escondite, aterriza accidentalmente en el pedestal de un profeta. Para evitar ser capturado por los romanos, se hace pasar por uno de estos y, torpemente, comienza a narrar parábolas. Significativamente, se pone el acento en esta arbitrariedad de la creencia idolátrica, no en vano construida a partir de un vacío. La multitud ignora a Brian, que tan solo consigue atraer su atención y que, contra su voluntad, un nutrido grupo de fieles lo siga cuando deja una historia inacabada, literalmente suspendida en sus labios, mientras contempla cómo sus perseguidores se alejan. Así pues, la conversión de Brian en un nuevo Mesías se cimenta en la interpretación de un vacío, rellenado por una ávida expectativa, el deseo voraz de la búsqueda de sentido. Es pues ese desaforado deseo de creer, criticado de manera reiterada por algunos de los más famosos filósofos de la religión como Hume, con el que juega el film, el deseo motor de los seguidores de Brian, alguno de ellos capaz de afirmar, a través de la experiencia pues ya ha seguido a unos cuantos con anterioridad, que Brian es el Mesías.

La vida de Brian va mucho más allá de lo que para algunos fue una crítica a la religión que, en no pocas ocasiones, recibió respuestas que parecían legitimar su mensaje. La carga del film alcanza mayor profundidad, pues apunta a los sistemas de creencia en cuyo conjunto tienen cabida una serie de "ismos" objetivo de mofa en la medida en la que, por un lado, se convierten en una suerte de rígidos mecanismos y, por otro, afloran sus urdimbres. Como recoge William R. Teldford (2015: 14), el film apunta con cierta ambigüedad cómica a una amplia serie de objetivos, entre los que menciona el poder político, el sistema educativo público británico, el sistema de clases y, al otro lado del espectro, la explotación económica, los sindicatos y los movimientos revolucionarios. Brian entra a formar parte de un grupo revolucionario mediante el que se ofrece una inmisericorde crítica que refleja una visión de la izquierda de la época, parapetada tras un anquilosado e improductivo parlamentarismo, en cuyo cenagoso proceso de resoluciones y votaciones, cualquier posibilidad de acción queda irremisiblemente cercenada. Esta inútil maquinaria no es más que una salvaguarda, un escudo que sitúa a una distancia profiláctica a los "valientes" revolucionarios, particularmente a su líder, de cualquier acción que pudiera entrañar riesgo.

El film que nos ocupa no puede ser abordado desgajado de cuestiones religiosas, filosóficas, políticas, sociales e históricas, lo que hace preceptivo una suerte de análisis tentacular en cuyo vértice se sitúa el individuo y su relación con el otro. En este sentido, cobra especial relevancia el tema de la libertad y lo que acarrea su ejercicio, asunto que aborda *El discurso del Gran Inquisidor* de Dostoievski. Del mismo modo que Brian, tras el propicio encuentro con los revolucionarios, se muestra ansioso de abrazar su causa, liberándose de lo que Dostoievski llama el tormento de encontrar a quién hacer ofrenda cuanto antes del don de la libertad (Dostoievski, 2018: 49), los seguidores de Brian, siguiendo similar razonamiento (Dostoievski, 2018: 56), manifiestan su felicidad al conducirse como un rebaño para poder, al cálido abrigo de este, desembarazarse del lastre de la libertad y la presión de ejercerla. Así mismo, desesperado, en una llamada al individualismo, Brian trata en vano de convencer de lo innecesario de seguir órdenes a un centurión cuando va a ser amarrado a su cruz. La respuesta automática de este, afirmando que le encantan las órdenes frente a la llamada a ejercer el libre albedrío, es una de las claves del film, que queda claramente de manifiesto en su clausura: incluso frente al más terrible de los destinos, como señalaba Viktor Frankl (2018: 95), la última libertad de la que uno no puede ser despojado es la de la elección de su actitud personal frente a este.

La vida de Brian nos enseña un estilo de saludable escepticismo que se nos antoja hoy más necesario que nunca para, frente a las veleidades de los voceros del supuesto bien común, habilitar un espacio para el pensamiento individual; frente a la razón en bloque y el frentismo monolítico, cuestionar desde la invitación a la sana divergencia. En una sociedad como la actual encaminada a la claudicación del individuo frente al alambicado entramado del sistema, en la que este parece sentirse cómodo tan solo arropado al calor del rebaño, subsumido en la adocenada calidez de la manada, el grito de Brian, su llamada a tomar conciencia de la propia individualidad resuena con más fuerza que nunca. Hoy, cuando vivimos sometidos al yugo de lo políticamente correcto, la libertad de expresión está esquinada, cuando no directamente amenazada o suprimida por la dictadura del pensamiento único, sujeta al creciente e invasivo poder de un paternalista modelo de estado que arracima en sus manos herramientas para coartar la libertad del individuo junto a cualquier conato de discrepancia, *La vida de Brian* supone una necesaria llamada a disentir.

En última instancia, *La vida de Brian* parece guardar ciertas reminiscencias de aquello que, en su ensayo *Por qué leer los clásicos*, argumentara Italo Calvino (2009). Un texto puede ser tildado como tal en la medida en que su frescura y actualidad desafían el paso del tiempo, escondiéndose en los pliegues de la memoria, mimetizándose con el inconsciente colectivo o individual, convirtiéndose en una caja de resonancia de la actualidad, cuyo eco incorpora nuevos matices en cada visionado.

8. Equipo técnico y artístico

8.1. Graham Chapman: actor y guionista

Nació en Leicester, en 1941 y falleció en Kent, en 1989. Estudió Medicina en la universidad de Cambridge, aunque nunca llegó a ejercer al decantarse por la actuación. En sus inicios en el *Footlights*, conoció a John Cleese, con el que comenzó a escribir y actuar. Igualmente, coincidió con este en *The Frost Report* para la BBC y, posteriormente, en *At Last the 1948 Show*, así como en otras series, antes de hacerlo en el *Monty Python Flying Circus*. Su trabajo como actor destacó en el seno del grupo, y fue, tal y como hemos mencionado, protagonista de dos de sus largometrajes. En su trayectoria individual como guionista y actor, en la que alternó trabajos para cine y televisión, no alcanzó el mismo grado de éxito. En esta última, al margen de las mencionadas *The Odd Job* y *Out of the Trees*, podemos destacar *Los desmadrados piratas de Barba Amarilla* (*Yellowbeard*, Mel Damski, 1983), que protagonizó y escribió. Falleció a los cuarenta y ocho años víctima de un cáncer.

8.2. John Cleese: actor y guionista

Nació en Somerset, en 1939. Estudió Derecho en la universidad de Cambridge, en la que destacó también como deportista. En las audiciones de *Footlights* conoció a Graham Chapman, con el que el formó un exitoso tándem de guionistas. Su serial de televisión *Fawlty Towers* gozó de gran reconocimiento de público y crítica. Tras su etapa con Monty Python ha desarrollado una prolífica carrera. Entre sus trabajos como actor, podemos mencionar: *Silverado* (Lawrence Kasdan, 1985), *Un pez llamado Wanda* (*A Fish Called Wanda*, Charles Crichton, 1988), *El mundo nuca es suficiente* (*The World Is Not Enough*, Michael Apted,

1999), *Harry Potter y la piedra filosofal* (*Harry Potter and the Philosopher's Stone*, Chris Columbus, 2001) o *Clifford, el gran perro rojo* (*Clifford the Big Red Dog*, Walt Becker, 2021). Igualmente, Cleese ha escrito una notable cantidad de guiones para cine y televisión. Su trabajo como actor de doblaje es igualmente destacable, tanto en el ámbito del cine como en el de los videojuegos.

8.3. Terry Gilliam: diseñador, actor y guionista

Nació en Medicine Lake, Minnesota, en 1949. Tras probar en diversas disciplinas, entre ellas Bellas Artes, finalmente se graduó en Ciencias Políticas en el Occidental College, California, donde fue editor de la revista *Fang*. Colaboró con otras revistas como *Help!* antes de dedicarse un tiempo a la publicidad. Su contribución al *Flying Circus* fue crucial, pues permitió conectar con sus animaciones diferentes sketches. Al margen del trabajo con el grupo, ha gozado de una singular carrera como director de sus propios proyectos, destacando títulos como: *Los héroes del tiempo* (*Time Bandits*, 1981), coescrita con Palin y producida por HandMade Films, *Brazil* (1985), *Las aventuras del Barón Munchausen* (*The Adventures of Baron Munchausen,* 1988), *Doce monos* (*Twelve Monkeys*, 1995) y *Miedo y asco en Las Vegas* (*Fear and Loathing in Las Vegas*, 1998).

8.4. Eric Idle: músico, actor y guionista

Nació en South Shields, en 1943. Estudió Filología Inglesa en Cambridge, donde fue miembro del *Footlights,* que llegó a presidir. Se ganaba la vida escribiendo guiones, algunos de ellos para *The Frost Report*, programa de la BBC en el que coincidió con el resto de miembros británicos del grupo. Al margen de su trabajo con estos, escribió y dirigió *Rutland Weekend Television*, también para la BBC, y *The Rutles: All You Need is Cash* (1978). Al margen del sexteto, de entre sus trabajos como actor destacan *Monjas a la carrera* (*Nuns on the Run*, Jonathan Lynn, 1990) y *Casper* (Brad Silberling, 1995), así como numerosos papeles como actor de doblaje. Por otro lado, convirtió la segunda película de los Python en el musical *Spamalot* (2006), galardonado con un Tony, y el film que nos ocupa en un oratorio cómico, *Not the Messiah (He's a Very Naughty Boy)* (2007). En 2018 publicó su autobiografía con el título *Always Look on the Bright Side of Life*.

8.5. Terry Jones: director, actor y guionista

Nació en Colwyn Bay, Gales, en 1942 y murió en Londres, en 2020. Aceptado en Oxford y Cambridge, estudió Filología Inglesa en Oxford. Mientras cursaba estudios en esta universidad, conoció a Michael Palin, con el que comenzó a trabajar en la BBC como guionista. Creó para la ITV, junto a Eric Idle, *Do Not Adjust Your Set*, que contó posteriormente con la colaboración de Terry Gilliam. Tras dirigir *La vida de Brian*, repitió como director en solitario con *El sentido de la Vida*. Tras su etapa con el grupo, entre sus trabajos como director se encuentran: *Servicios muy personales* (*Personal Services*, 1987), *Erik el vikingo* (*Erik the Viking*, 1989) y *Viento en los sauces* (*The Wind in the Willows*, 1996). Dirigió también diversas series de televisión. Al margen de esto, Jones poseía una reseñable trayectoria como investigador y escritor.

8.6. Michael Palin, actor y guionista

Nació en Sheffield, en 1943. Estudió Historia en Oxford. Decidido a ser actor y guionista, comenzó a colaborar con Terry Jones, al que conoció en la universidad y con el que realizó para ITV *The Complete and Utter History of Britain*. Tras su etapa en el *Flying Circus*, alcanzó reconocimiento con su propia serie, *Ripping Yarns*, galardonada con un BAFTA. Obtuvo su primer papel como protagonista en *La bestia del reino* (1977). Escribió y protagonizó *El misionero* (*The Missionary*, Richard Loncraine, 1982), producida por HandMade Films, para la que también protagonizó *Función Privada* (*A Private Function*, Malcolm Mowbray, 1984). Fue igualmente galardonado con un BAFTA como actor secundario en *Un pez llamado Wanda*. Tras el tremendo éxito de su serie documental *Around the World in Eighty Days* (BBC, 1989), en la que seguía los pasos del personaje creado por Julio Verne, ha realizado un considerable número de documentales de viajes. Ha alcanzado también un notable éxito como escritor con la publicación de sus diarios.

8.7. Hazel Pethig: diseñadora de vestuario

Nació en Southend on Sea, Essex, en 1944. Diseñadora de vestuario, comenzó su trayectoria en los setenta en la BBC, con seriales como *Doctor Who* o *The Two Ronnies*, e incluso llegó a trabajar con Spike Milligan. Tras diseñar el vestuario de *Los caballeros de la mesa cuadrada y sus locos seguidores*, trabajó haciendo esta función en la ópera prima de Terry Gilliam *La Bestia del reino* y en el film que nos ocupa. Su colaboración con el grupo se extiende a otros trabajos, como el vestuario del oratorio *Not the Messiah (He's a Very Naughty Boy)* (2010) o el del espectáculo *Monty Python Live (Mostly)* (2014), al margen de otros films en lo que aparecen miembros del grupo, como *Un pez llamado Wanda* o *Criaturas feroces* (*Fierce Creatures*, Robert Young, 1997), así como numerosos trabajos para cine y televisión.

8.8. Peter Biziou: director de fotografía

Nació en Gales, en 1944. Profesional de reconocida versatilidad, tras realizar la dirección de fotografía de *La vida de Brian*, se puso a las órdenes de Terry Gilliam para hacer lo propio con *Los héroes del tiempo*. Su siguiente proyecto fue *El muro* (*Pink Floyd: The Wall*, Alan Parker, 1982), con cuyo director repetiría, para conseguir el Oscar y el BAFTA con *Arde Mississippi* (*Mississippi Burning*, Alan Parker, 1988). Destacan igualmente en su filmografía títulos como *9 semanas y media* (*9 ½ Weeks* Adrian Lyne, 1986), *Herida* (*Damage*, Louis Malle, 1992), *En el nombre del padre* (*In the Name of the Father*, Jim Sheridan 1993) o *El show de Truman* (*The Truman Show*, Peter Weir 1998).

8.9. Julian Doyle: montador

Nació en Londres, en 1942. Montador de *La vida de Brian* y *El sentido de la Vida*, también lo fue de los trabajos de Terry Gilliam *Los héroes del tiempo* y *Brasil*. Tras más de cuarenta años de carrera, ha dirigido sus propios proyectos, tales como: *Chemical Wedding* (2008) o *Twilight of the Gods* (2013). Igualmente, ha desarrollado una intensa labor como escritor. Algunos de sus libros están vinculados, no solo a su trayectoria con el grupo, sino también al film que nos ocupa: *Crucifixion is a Doodle The Passion of Monty Python* (2016) y *The Gospel according to Monty Python* (2014).

9. BIBLIOGRAFÍA

Allen, Steve (2006). Will Hays and the Cinema of Consensus. *Journal of British Cinema and Television*, 3(2), 244-265.

Archer, Neil (2017). *Beyond the Joke. Parody in English Film and Television Comedy.* London: I. B. Tauris.

Auxier, Randal E. (2006). A Very Naughty Boy: Getting Right with Brian. En Hardcastle, Gary L. y Reisch George A. (eds.). *Monty Python and Philosophy. Nudge Nudge, Think Think.* Illinois: Open Court, 65-82.

Balló, Jordi y Pérez, Xavier (2018). *La semilla inmortal. Los argumentos universales en el cine.* Barcelona: Anagrama.

Bergson, Henry (2016). *La risa: Ensayo sobre la significación de lo cómico.* Madrid: Alianza.

Burridge, Richard A. (2015). The Church of England's Life of Python -or 'What the bishop saw'. En Taylor, Joan E. (ed.). *Jesus and Brian. Exploring the Historical Jesus and His Time via Monty Python's Life of Brian.* London: Bloomsbury, 19-42.

Burton, Alan (2012). 'From adolescence into maturity'. The film comedy of the Boulting brothers. En Hunter, I. Q. y Porter, Laraine (eds.). *British Comedy Cinema.* London: Routledge, 77-88.

Calvino, Italo (2009). *Por qué leer los clásicos.* Madrid: Siruela.

Castro de Paz, José Luis y Pena, Jaime (2005). *Cine español. Otro trayecto histórico.* Valencia: Ediciones de la Filmoteca.

Chapman, G.; Cleese, J.; Gilliam T.; Idle, E.; Jones T.; Palin M. y McCabe, B. (2003). *The Pythons Autobiography by The Pythons.* London: Orion.

Chapman, James (2012). A short history of de Carry On films. En Hunter, I. Q. y Porter, Laraine (eds.). *British Comedy Cinema.* London: Routledge, 100-115.

Costa, Jordi (2010). *Una risa nueva. Posthumor, parodias y otras mutaciones de la comedia*. Murcia: Nausícaä.

Del Amo, Álvaro (2009). *La comedia cinematográfica española*. Madrid. Alianza.

Dostoievski, Fiódor (2018). *Discurso del Gran Inquisidor*. Barcelona: Arpa.

Doyle, Julian (2014). *The Gospel According to Monty Python*. Sarasota: Design Publishing.

Frankl, Viktor (2018). *El hombre en busca de sentido*. Barcelona: Herder.

Garín, Manuel (2014). *El gag visual. De Buster Keaton a Super Mario*. Madrid. Cátedra.

Gehring, Wes D. (2001). *World of Comedy. Five Takes on Funny*. Davenport: Robin Vincent Publish LLC.

Hewinson, Robert (1981). *Monty Python: The Case Against*. London: Eyre Mehtuen.

Hunt, Leon (1998). *British Low Culture*. London: Routledge.

Hunter, I. Q. y Porter, Laraine (2012). Sex, class and very naughty boys. En Hunter, I. Q. y Porter, Laraine (eds.). *British Comedy Cinema*. London: Routledge, 1-17.

Idle, Eric (2018). *Always Look at the Bright Side of Life*. London: Orion Publishing Books.

Johnson, Kim (1999). *The First 28 Years of Monty Python*. New York: Thomas Dundee Books.

— (2008). *Monty Python's Tunisian Holiday. My Life with Brian. A Memoir*. New York: St. Martin's Press.

Landy, Marcia (2005). *Monty Python's Flying Circus*. Michigan: Wayne State University Press.

Lanzoni, Rémi Fournier (2008). *Comedy Italian Style. The Golden Age of Italian Comedies*. New York: Bloomsbury.

Larsen, Darl (2018). *A Book About the Film Monty Python's Life of Brian*. Maryland: Rowan & Littlefield.

Malecka, Katarzyna (2014). It's a Mr. Death or Something. He Has Come about the Reaping. I Don't Think We Need Any at the Moment. En

Dobrogszcz, Tomasz (ed.). *Nobody Expects the Spanish Inquisition Cultural Context in Monty Python*. London: Rowan & Littlefield, 3-21.

McCall, Douglas (1991). *Monty Python*. North Carolina: McFarland.

Montiel, Alejandro (2005). Ad limina: Breve oceanografía del humorismo. En Pavía Cogollos, José. *El cuerpo y el comediante*. Valencia. Universidad Politécnica, 9-26.

Monzó, José María (2022). *El Evangelio según San Mateo*. Valencia: Nau Llibres.

Morgan, David (1999). *Monty Python Speaks*. New York: Avon Books Inc.

Müller, Jürgen (ed.) (2006). *Best Movies of the 70s*. Colonia: Taschen.

Murcia, Félix. (2002). *La escenografía en el cine: el arte de la apariencia*. Madrid: Fundación Autor.

Neale, Steve y Krutnik, Frank (1995). *Popular Film and Television Comedy*. London: Routledge.

Newland, Paul (2013). *British Films of the 1970s*. Manchester: Manchester University Press.

Nieto, José (2003). *Música para la imagen, la influencia secreta*. Madrid: Fundación Autor-SGAE.

O'Sullivan, Tim (2012). Ealing comedies 1947-57. 'The bizarre British, faced with another perfectly extraordinary situation'. En Hunter, I. Q. y Porter, Laraine (eds.). *British Comedy Cinema*. London: Routledge, 66-76.

Palin, Michael (2006). *Diaries 1969-1979*, vol. 1. London: Orion.

Pavía, José (2018). And now for something completely different: A propósito de Monty Python's Flying Circus. En García Martínez, Nahum y Ortiz, María J. (eds.). *Cine & Series, la promiscuidad infinita*. Salamanca: Comunicación Social, 93-112.

Pérez, Adolfo (2005). *El Humor de... Monty Python*. Madrid: Ediciones Masters.

Ross, Robert (1997). *Monty Python's Encyclopedia*. New York: Bastfort.

Sánchez-Biosca, Vicente (2003). La memoria impuesta. Notas sobre el consumo actual de imágenes del franquismo. *Pasajes*, 11, 43- 48.

Sastre, Alfonso (2002). *Ensayo general sobre lo cómico*. Hondarribia: Hiru.

Schilbrack, Kevin (2006). "Life's a Piece of Shit". Heresay, Humanism and Heroism in Monty Python's Life of Brian. En Hardcastle, Gary L. y Reisch, George A. (eds.). *Monty Python and Philosophy. Nudge Nudge, Think Think*. Illinois: Open Court, 13-24.

Sklar, Robert (1994). *Movie Made America. A Cultural History of American Movies*. New York: Vintage Books.

Smith, Justin (2012). Making Ben-Hur look like an epic Monty Python at the movies. En Hunter, I. Q. y Porter, Laraine (eds.). *British Comedy Cinema*. London: Routledge, 171-183.

Teldford, William R. (2015). Monty Python's Life of Brian and the Jesus Film. En Taylor, Joan E. (ed.). *Jesus and Brian. Exploring the Historical Jesus and His Time via Monty Python's Life of Brian*. London: Bloomsbury, 3-18.

Topping, Richard (2007). *Monty Python. From the Flying Circus to Spamalot*. London: Virgin Publishing Limited.

Turner, Katie (2015). 'The shoe is the sign' Costuming Brian and Dressing the First Century. En Taylor, Joan E. (ed.). *Jesus and Brian. Exploring the Historical Jesus and His Time via Monty Python's Life of Brian*. London: Bloomsbury, 221-238.

Valverde, José María (2019). *Vida y muerte de las ideas. Pequeña historia del pensamiento occidental*. Barcelona: Ariel.

Waymark, Peter (2012). 'From telly laughs to belly laughs'. The rise and fall of the sitcom spin-off. En Hunter, I. Q. y Porter, Laraine (eds.). *British Comedy Cinema*. London: Routledge,141-153.

Yoakmun, Jim (2014). *Monty Python vs The World*. Estados Unidos: CreateSpace Independent Publishing Platform.

Zupančič, Alenka. (2008). *The Odd One In. On Comedy*. Estados Unidos: The MIT Press.

Guías para ver y analizar...

GUÍAS PARA VER Y ANALIZAR...

NUEVA TEMPORADA

¿Quieres publicar una *Guía para ver y analizar*?

Si quieres hacernos llegar tu propuesta, asegúrate que cumple las normas de la colección:

- Los textos deberán ser originales y su estilo literario lo más sencillo y claro posible, evitando adoptar un tono excesivamente académico, es decir, un lenguaje "opaco", lo que no implica caer en superficialidad o banalidad.
- La extensión total del texto deberá ser de entre 250.000 y 270.000 caracteres (con espacios y notas incluidos).
- Se procurará utilizar gráficos, esquemas, tablas, dibujos, etc., para facilitar la lectura del texto y el seguimiento del estudio monográfico de la película.
- El texto deberá adoptar, sin perjuicio de los condicionantes particulares de cada película, ni de la autonomía del autor en la redacción del texto, la estructura de los libros de la colección:
  1. Ficha técnica y artística
  2. Introducción
  3. Sinopsis argumental
  4. Estructura del film
  5. Análisis textual
  6. Recursos expresivos y narrativos
  7. Interpretaciones/Apéndices
  8. Equipo de producción y artístico
  9. Bibliografía
- Las propuestas de nuevos libros (que deberán ser inéditos) deberán constar, al menos, de los siguientes documentos:
  1. Justificación
  2. Índice comentado
  3. Bibliografía seleccionada
  4. Breve CV del autor (inferior a 500 palabras).
- Todos los documentos deberán ser entregados en soporte informático. En la página web de Nau Llibres existe una sección específica (http://naullibres.com/guias-para-ver-y-analizar) para el envío de originales.

El Comité Editorial, compuesto por expertos en comunicación audiovisual y educación, comunicará al autor, en un plazo no superior a tres meses, si acepta o no dicha propuesta. Si la respuesta es positiva, se firmará el correspondiente contrato de edición con la editorial y el autor se comprometerá a entregar, en el plazo que en su momento se estipule, un borrador del texto, que será revisado por los miembros del Comité Editorial. El autor deberá recoger las correcciones y sugerencias resultantes de la revisión para modificar convenientemente el texto antes de enviarlo a la editorial para proseguir el proceso de edición, que necesitará de la colaboración del autor para incorporar las ilustraciones y ejemplos previstos.